JORNADA DA CALMA

JORNADA DA CALMA

CAMINHOS POSSÍVEIS PARA VIVER COM MENOS CORRERIA

INSPIRADO EM UM DOS PODCASTS **DE BEM-ESTAR MAIS OUVIDOS DO BRASIL**

Helena Galante

mapa.lab

produção editorial
mapa lab

projeto gráfico
Baião Studio

diagramação
Daniella Riet | Voolivre Editorial

ilustração
Antônio Sandes

impressão e acabamento
Grafitto Gráfica

Dados internacionais de catalogação na publicação (CIP)

G146j Galante, Helena.

Jornada da calma : caminhos possíveis para viver com menos correria / Helena Galante. – Rio de Janeiro : Mapalab, 2021.
192 p. ; 18 cm.

ISBN 978-65-86367-18-8

1. Desenvolvimento pessoal I. Título.

CDD 158.1

Bibliotecária: Ana Paula Oliveira Jacques / CRB-7 6963

mapa.lab

contato@mapalab.com.br | www.mapalab.com.br

/amapalab @amapalab

Para todos os companheiros de jornada que cruzam o meu caminho e, com sua bondade, me lembram que é possível escolher pela calma

O meu olhar é nítido como um girassol
Tenho o costume de andar pelas estradas
Olhando para a direita e para a esquerda,
E de vez em quando olhando para trás...
E o que vejo a cada momento
É aquilo que nunca antes eu tinha visto

Alberto Caeiro

SUMÁRIO

UM PRIMEIRO PASSO

Olá, seja muito bem-vindo!

Essa é uma jornada até a calma.

Ainda que o nosso destino seja certo e claro, melhor respirar fundo: não há uma única linha reta até lá. A cada curva do caminho, essa também é uma jornada conduzida pela calma.

Nosso ponto de partida são as 100 primeiras conversas do podcast Jornada da Calma. À sua maneira, cada um dos episódios abre uma trilha diante de um aspecto do nosso dia a dia e pode nos ajudar a chegar mais perto da serenidade. As perguntas e respostas são vivas, apontam saídas, contam de rotas que não deram em nada e outras que culminaram em grandes aprendizados.

Consolidar em um livro o que nos trouxe até aqui é mais do que olhar no retrovisor: pode ser uma boa maneira de escolher para onde vamos seguir com mais confiança. A meta é mapear por onde os entrevistados passam, quais trajetos se interligam, onde se complementam e onde se afastam. Dizer por qual deles você deve seguir a cada momento, querido companheiro de jornada, é uma impossibilidade. A decisão nas recorrentes encruzilhadas é sua e eu respeito o seu caminho, seja ele qual for. Por estar nesse mesmo processo, me comprometo apenas a caminhar lado a lado.

Com a escuta muito atenta, é possível perceber entre pessoas de diferentes profissões, idades, gêneros e mentalidades uma dedicação profunda a uma mesma vertente. É como se suas falas fossem estradinhas paralelas, diferentes em suas paisagens, mas que levam ao mesmo destino. Em cada capítulo, ao subverter a ordem cronológica das entrevistas e propor pontes entre as falas, o objetivo é pontilhar possibilidades, não levantar muros de convicções.

Para começar, **observar a própria mente** é um bom convite. O movimento de autopercepção e tomada de consciência sobre nossos pensamentos ajuda no ganho de lucidez a respeito das escolhas. Por que fazemos o que fazemos? No piloto automático, sem tatear essa resposta, fica difícil estabelecer um estado de mais quietude. Já pensou por que nos agarramos a determinadas ideias, mas deixamos muitas outras passarem batido? Para além dos contextos externos, há um mundo interior que é indissociável da nossa experiência. A mente é toda essa atividade, que extrapola as funções cognitivas cerebrais.

Para dar conta de captar o quadro completo, é preciso aprender a tomar alguma distância e ganhar mais perspectiva para enxergar. A tarefa não é simples, nem feita de uma vez só.

Basta um lapso e o foco mental se perde, mas aprendemos a dar novos comandos e voluntariamente direcionar a atenção de volta para onde queremos. No desenvolvimento de mais sabedoria, observar a própria mente é o primeiro passo e também o mais avançado, que elucida a ignorância rumo ao autoconhecimento.

Quem escolhe entrar na estrada da lógica vai muito longe, por isso o capítulo seguinte é dedicado à proposta de **investigar como cientista**. O método científico, que inclui as etapas de observação, hipótese e teste, entre outras, pode ser aplicado na trajetória pessoal de cada um. Psicólogos, neurocientistas e outros médicos são exímios na pesquisa minuciosa em terceira pessoa, digamos assim. Eles se debruçam sobre os pacientes para entendê-los e depois ajudá-los. Comprovações e evidências são fundamentais aqui – e ajudam a escapar de charlatanices e passes de mágica sedutores e enganosos.

Você já se propôs a ser um isento pesquisador de si mesmo? Já percebeu uma tendência de comportamento e se aventurou para descobrir sua origem? Isso definitivamente não significa prescindir de acompanhamento profissional qualificado sempre que necessário ou negar o papel fundamental dos cientistas – de fato, não teríamos chegado até aqui sem eles. Mas inspirados em sua curiosidade e disposição para o aprendizado, todos nós podemos nos propor uma investigação em primeira pessoa para seguir adiante.

Por mais que as setas do caminho rumo a uma maior tranquilidade apontem para grandes questões existenciais e dilemas sociais complexos, é no cotidiano, nos afazeres miúdos da rotina, que é possível colocar em prática de verdade todas as teorias. O capítulo **meditar em ação** abrange essas atividades corriqueiras que, se realizadas com presença e intenção, podem, sim, ser um caminho para a plenitude. Vale estar mais atento à maneira como comemos, às emoções que acionamos quando realizamos uma prática esportiva ou até à nossa educação financeira. Como cuidar da casa ou estudar em uma postura mais contemplativa, sem perder sinais importantes que as interações nos trazem?

A escolha pela prática formal da meditação, em qualquer uma das linhas dessa bonita tradição, traz muitos benefícios, inclusive já contabilizados pela ciência. Mesmo quem não se dedica a ela, porém, pode colher bons frutos da decisão de colocar uma lupa na maneira como acordamos e dormimos ou na intensidade da força que aplicamos na ponta dos dedos para digitar no teclado, por exemplo. Será que precisamos mesmo de tanta tensão e rigidez? Buscar meditar enquanto agimos é uma maneira de entrar em contato com o nosso verdadeiro estado de saúde geral e ter mais portas de acesso para mudá-lo.

Durante essa peregrinação, muitas vezes as emoções podem ter cara de um pedágio a ser pago. O que fazer com a angústia que toma o peito? Diante de uma situação extrema, a quem pedir socorro? Onde despejar o medo de viver sob tanta pressão, quase sempre a ponto de explodir? O capítulo **sentir profundo** faz dos sentimentos um daqueles postos de serviço de rodovia que têm de tudo um pouco: combustível, área de descompressão, instalações apropriadas para se aliviar... É onde podemos achar descanso.

A ideia de se permitir sentir talvez assuste (para mim, é um desafio ousado toda vez). Ela vai na contramão do disfarce de algum afeto ou desgosto, afinal, eles não desaparecem simplesmente por fingirmos que não estão lá. Podem incomodar e se acumular até encher o pote, mas podem também se acomodar no bagageiro e só cumprir seu papel no tempo certo. Nessa viagem, as emoções vêm de carona e podem ser boas copilotas, sempre dispostas a sinalizar saídas e retornos, mas convém não entregar a direção para seus extremos de tudo ou nada.

Com esse aceite para as sensações, surge o lindo passo de **fazer arte**. Em comum, cantores, atores, palhaços e escritores estabelecem um pacto com o público. Ao interpretar ou fantasiar uma cena, eles nos libertam das máscaras que criamos para nós mesmos e lembram que as possibilidades são múltiplas. Fora da ilusão de uma rota padrão, dá para recuperar o senso de fruição e a vontade de viver. Os aplausos que tanto agradam o nosso ego podem ou não fazer parte da apresentação, não importa tanto. O caminho artístico que segue junto do caminho do autoconhecimento tem mais a ver com se entregar e achar um respiro diante da inquietação.

Olhando desse jeito, ser "amador" vira um grande elogio que se encaixa certinho para quem está disposto a **ouvir o coração**. De tão banalizada e repetida, a expressão poderia ter se esvaziado. Mas sua força fica evidente nos numerosos entrevistados que recorrem a ela, cada vez de uma forma singular, para descrever a capacidade de acessar e seguir uma bússola interna. Chegamos aqui no terreno das sutilezas. O coração é essa porção musculosa e cheia de veias do nosso corpo que pouco lembra o símbolo fofo que se fixou no imaginário. Também é a morada do amor, mas haja coragem para ficar de cara com um fato: o que aprendemos que era amor, esse roteiro mais trágico do que cômico, talvez nunca tenha sido amor.

Para perceber isso, é preciso sintonizar com a intuição, silenciar os ruídos e abrir espaço para sermos quem somos, integralmente. Quem segue por esse trajeto conta que ele é possivelmente a maneira mais rápida de caminhar. Porém, como diferenciar a voz segura do coração do monólogo sempre hesitante que não fica quieto do lado de dentro?

Olhar para fora é uma saída apontada por quem aprendeu a **colaborar com o todo**. As relações – dentro da nossa comunidade humana, com as outras espécies de animais e plantas, com o planeta Terra, essa única casa que compartilhamos agora –, todas elas são antídotos para esse autocentramento tão míope. Olhando para esse grande sistema do qual somos apenas uma parte, que dimensão ganham nossos dilemas? A simples menção a essa interconexão traz alívio, é verdade, mas não nos exime do impacto que as decisões individuais têm.

Nesse constante movimento de olhar para dentro, de olhar para fora, olhar para dentro de novo e finalmente olhar para fora com compaixão, surge um último capítulo: **iluminar o caminho**. Quem encontrou forças para se encontrar achou um contentamento e uma liberdade tão grandiosos que não dá para manter só para si. A experiência é expansiva e inclusiva. Escolher ser luz nessa jornada coletiva até a calma é aceitar manter o farol sempre alto para permitir que quem vem junto veja as pedras soltas. E também ganhar permissão de si mesmo para mudar de ideia e ir além, evitando a pegadinha de achar que sabe guiar o trajeto de alguém.

Reconhecer esses oito caminhos comuns entre todas as 100 primeiras conversas do Jornada da Calma foi de certa forma uma surpresa e uma recordação do óbvio. Quando o podcast vai ao ar, não há roteiro prévio das perguntas nem planejamento futuro das próximas entrevistas. O caminho se faz ao caminhar. Como então foram possíveis tantas convergências? Durante o processo de revisitar essa primeira temporada de entrevistas e escrever este livro, caiu a ficha. Se todos compartilhamos a vida e, no fundo, só queremos ser felizes, podemos pegar ruas diferentes, encarar mais ou menos voltas, mas um dia alcançaremos o mesmo lugar. Até o ponto de chegada, sempre que nos sentirmos perdidos, que a gente tope baixar as defesas e pedir ajuda. Nas próximas páginas você encontrará muitas referências. Elas nos contam que, em qualquer ponto desse emaranhado, não estamos sozinhos. A felicidade acontece no encontro e é para lá que segue a nossa jornada. Vamos juntos?

A MINHA JORNADA

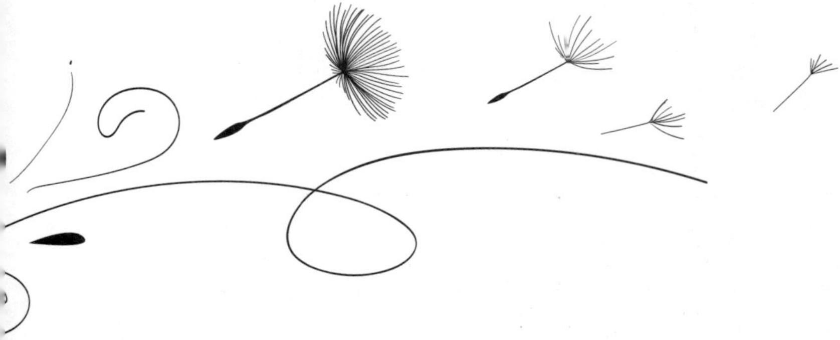

No meio de um vendaval. É assim que eu me sinto, e talvez você também, já que nos encontramos justo aqui, justo agora. A ventania é de pensamentos. Eles vêm uns grudados nos outros, todos bagunçados, brutos como aquele vento terrivelmente frio que corta a bochecha. Tento buscar abrigo. Mas onde, se tudo sopra aqui de dentro e não dá para escapar de mim?

Já tentei correr mais rápido do que eles, os pensamentos.

– Como você está, Helena?

– Na correria.

Essa já foi (e ainda é) muitas vezes a minha resposta. Se eu me mantiver sempre ocupada, com muitas coisas para fazer, talvez sobre menos tempo para ser tomada pelas ideias, certo?

Não deu certo.

Mas encontrei nessa cabeça-dura uma ideia que não ia embora por nada, e curiosamente trazia conforto. "Tem que ter um outro jeito." A gente não precisa se acostumar com a brutalidade, a correria, a infelicidade. Tem que ter um outro jeito. A gente está aqui para ser feliz – para encontrar uma alegria de existir natural que nenhuma rajada do mundo possa afastar.

Eis que surge a questão: como?

Não dá para desviar dessa pergunta, muito menos respondê-la de bate-pronto sem cair na sensação de atalho enganoso. Este livro não tem a pretensão de ser um manual definitivo do "como fazer", mas pode funcionar como um mapa. Com o destino claro em mente, é mais fácil ajustar a rota escolhida, entre tantas possíveis. O mais difícil é o primeiro passo, mas esse já foi dado. Estamos aqui, juntos. Uma vez em movimento, de forma intencional e consciente, podemos seguir, podemos pausar, podemos recalcular a rota.

Quero encontrar e cultivar a tranquilidade no meio dos furacões, que são muitos. O nome disso é calma. Ela é o oposto da pressa, daquela sensação afobada de sair trocando os pés pelas mãos, esbarrando no que é precioso e despedaçando qualquer possibilidade de paz de espírito – mas também é muito mais que isso. A calma traz perspectiva, uma visão ampla de contexto para além das dualidades e contradições. A calma contém alma; a alma contém calma. A calma lembra da permissão de ficar em silêncio antes de tomar uma decisão: o que não poderia se beneficiar da lucidez de uma mente serena? A calma nos coloca em contato com a Vida. É com calma que desfrutamos agora o privilégio da existência. Nós estamos vivos e nos encontramos, eu escrevendo, você lendo.

Quando falta a calma, procuro tirar o foco de mim e ouvir alguém. Amar quem está na minha frente, radicalmente, sem condicionalidades, é a maneira mais fácil de sossegar. Da confiança no poder desse encontro, com a intenção sincera de caminhar junto, surgiu o podcast Jornada da Calma.

Um podcast é como um programa de rádio, só que transmitido pela internet, para você ouvir a hora que quiser. Quando ele foi lançado, em junho de 2019, foi assim que explicamos na revista Veja São Paulo do que se tratava a empreitada.

Pouco mais de dois anos depois, o formato permanece. Toda segunda-feira, aquele dia que a gente aprendeu que é o mais difícil da semana, eu coloco no ar uma conversa com alguém inspirador, igualmente determinado a viver com mais tranquilidade. Se a forma aparentemente é simples, o que acontece de verdade durante a entrevista é mais difícil de explicar. Falo daquilo que escapa aos ouvidos e olhos, mas é uma sensação que o coração capta, sempre capta.

Se você nunca ouviu nenhum episódio, talvez esteja achando essa descrição um tanto vaga. Se você já ouviu algum episódio, talvez entenda perfeitamente a sensação, mas tenha dificuldade de colocá-la em palavras.

Meu trabalho aqui é justamente esse: colocar em palavras os passos que demos juntos nos 100 primeiros episódios, dos conceitos e exemplos objetivos aos insights mais sutis que uma pausa na respiração ou uma tremida na voz revelam, às vezes sem querer.

Essas 100 conversas mudaram a minha vida.

Aprendi que dá para ser 2% mais monge – não é preciso chegar nos 100% para começar a sentir os efeitos de uma nova consciência e um novo jeito de olhar para o mundo. Diante de qualquer situação, sou livre para não julgar. E se julgar e estabelecer a sentença, posso voltar atrás e escolher de novo. Encontrei parceiros que estão na mesma busca da harmonia no caos. Duvidei ao ouvir que eu não era ansiosa, até que me conheci mais e dei o braço a torcer. É verdade: o que eu sou, o que nós somos, não é ansioso. Se estamos ansiosos, temos algo para mudar e deixar passar as nuvens que estão encobrindo nosso céu azul.

Nas tarefas cotidianas, reencontrei novos sentidos. Dá para comer em paz, trabalhar sem competir e sair do medo. Há ferramentas.

Experimentei fazer yoga para achar o eixo, experimentei escrever para perdoar, experimentei escolher onde focar a atenção. Redescobri o sentido de mindfulness, fiz silêncio e relaxei. Procurei ajuda para lidar com as emoções. Reverenciei a arte da meditação e a essência do autocuidado. Aprendi que a educação serve para acolher e que é preciso estar atento ao pote cheio e à gota d'água que pode mudar tudo.

Busquei os sinais de uma saída para a depressão, encontrei a vontade de viver e, viva, decidi fazer a minha parte: usar a comunicação para espalhar mais e mais vontade de viver.

Quem diria que há um calmante natural sem contraindicação? Ele não vende na farmácia e nem na feira, mas eu provei e funciona mesmo. Entoei um mantra poderoso para a cura e o repeti de novo, só para garantir. Fiz atividade física para ficar presente e topei falar de saúde mental sem tabu.

Foram e são diálogos corajosos - e a comunicação não violenta me acompanha nas tarefas de falar e escutar. Escutei muito. Escutei quem encontrou na dor um chamado para a vida e quem recorre ao coração para achar sabedoria. No som descobri terapia - mas não me neguei a aprender as lições do silêncio. Entrei na frequência do amor e escolhi ser aluna numa escola feita para mudar a vida das pessoas.

Lavei louça não só por lavar, mas pela terapia de limpar e organizar os pensamentos e emoções. Perguntei como mudar hábitos, mudei alguns, outros ainda não. Me preparei para o acaso e disse sim, quando o hábito (olha ele aqui de novo) era sempre dizer não.

Imaginei as qualidades de uma pessoa sábia, mas foi fora da imaginação que compreendi que o amor à sabedoria serve para fazer o bem. Isso é filosofia, que pode, sim, nos lembrar quem somos.

Não tirei nenhum sabático, mas escapei de belas armadilhas de pensar demais. Sentei de frente com o medo, a raiva e a tristeza e pela primeira vez tive coragem de perguntar o que eles queriam me dizer. Em situações extremas, pedi socorro. Tirei o passado, ou pelo menos parte dele, a limpo. No presente, me vi numa panela de pressão, mas pude me expressar e assim acionar uma válvula de escape. No caos, pedi clareza. Recebi de mim mesma permissão para mudar de ideia e acredito que você possa fazer o mesmo.

Por que fazer isso? É possível encontrar uma motivação real, sem autoajuda barata. Para transformar dor em amor, abri mão do controle e me encontrei. Eu estava no mundo, eu estava nos outros, estava na minha própria casa (só fazia tempo que não procurava por mim lá). Comecei a colocar a gratidão para rodar todos os dias. Desisti de esperar por ela quando algo acontecesse, convidei-a para ficar aqui enquanto tudo acontecia. Foram e são pequenos comportamentos para mudar a cada hoje, não amanhã.

Na colaboração, substituta da competição, venho aprendendo a ser humana. A tarefa é grandiosa, mas amparo espiritual e contentamento não faltam. Cada resposta ajuda no agora, mas também revela um caminho para um futuro possível e regenerativo. Como vai ser o amanhã? Você se sente de olhos vendados, como eu, ao pensar nisso? Sigamos sem medo do escuro, para poder descobrir as respostas. É hora de tomar uma atitude: e não pirar pode ser a melhor delas para tirar o peso extra que carregamos.

De tanto treinar escutar as pessoas, fui escutando uma voz baixinha mas muito segura, a da intuição. Ela é a melhor amiga da razão para resolver problemas de forma objetiva. Achei objetividade na busca espiritual, achei subjetividade na força de cada um, achei uma forma atemporal de cuidar daquilo que sempre parece que nos falta: o tempo.

Escrevi uma carta para você. Chegou por aí? Te perguntei como você se encontrou, e no nosso encontro, eu me encontrei. Tirei os limites de idade que havia estabelecido para a plenitude. Foi uma escolha para dormir e acordar bem, enquanto esse corpo estiver por aqui para dormir e acordar. Em cada ciclo, optei por menos coisas, muito menos coisas, e mais afeto. Não achei limites para o afeto.

Aprendi a olhar para dentro – e lá dentro vi que não havia porque resistir, ou insistir. Eu poderia deixar fluir. Parece incompatível com viver num mundo de incertezas? Pois foi a única maneira que me pareceu viável. Quando tudo ficou surreal, ri de mim mesma. Tomei distância para observar os planos e as correntezas, pedi colo, ganhei cafuné.

Tomei a decisão de tomar decisões. Vale para a política, vale para a espiritualidade. Na busca por consciência, elas estão mais ligadas do que jamais pensei. Vivi uma história de amor com o Amor só porque saí do automático. Dá para sair. O ponto de partida é lembrar que podemos olhar para o nosso mundo interno e viver intencionalmente.

Quanta coisa aprendemos juntos!

Quando o convite for para o embate, escolher pela não-violência. Parece grandioso demais, pretensioso demais? Nada. É menos prepotência e mais essência o que pode nos levar adiante. Ser quem somos é uma revolução mais entrelaçada entre todos nós do que parece. Tire um instante para contemplar a conexão entre todas as coisas e conte se você não se sente mais perto.

Observar atentamente para não se deixar arrastar pelos problemas. Repensar o papel do trabalho em nossas vidas – sem desistir de servir ao próximo. Quando parecer impossível, confiar em nós mesmos. Quando a autoconfiança faltar, confiar que há alguém para emprestar seus olhos confiantes e nos fazer seguir.

Chorei uma, chorei duas, chorei mil lágrimas a cada encontro. De todas elas, saiu um milagre. Não me posicionei nem no 8, nem no 80 emocional, mas no caminho do meio.

Parei de me esconder atrás do meu crachá, aprendi a confiar e colocar na prática as teorias estoicas.

Tive vontade de fugir da sala de espera do psicanalista, mas agradeci por ter ficado. Quando tudo demandava uma reação imediata, considerei não fazer nada. Descobri que não sei não fazer nada, mas quero aprender. Tudo bem tentar e não conseguir de primeira, tudo bem errar, tudo bem. Mergulhei nas redes sociais para chegar até você, companheiro de jornada, mas ainda bem que fomos além do algoritmo. Ele não dá conta da beleza do agora.

Uau. Há tanto ainda a aprender que tem horas que parece além da conta. Em momentos como esse, passei a me permitir uma pausa. Todo conhecimento é transformador na medida em que é vivido – e é para viver que estamos aqui.

Para entender como cada um dos entrevistados aplicava na prática tudo o que sabia, tinha um só instrumento: a pergunta. Fazendo perguntas, sem pressa, entendi que elas são mais importantes do que as respostas imediatas. Como deixamos as perguntas nascerem dentro da gente é que faz toda a diferença.

Quero compartilhar aqui como tem sido desenvolver a vontade genuína de ouvir todos a seu tempo. É essa vontade de aprofundar os relacionamentos que tem me levado do ponto A para o ponto B. É nela que me firmo para encarar o grande hiato que surge toda vez que estamos diante de um novo conhecimento.

Isso é aceitar que não sei e me abrir para vir a saber. É aprender a aprender, algo que, na pele, é como tomar coragem para entrar na cachoeira gelada. Você quer muito e, ao mesmo tempo, não sabe se quer. Quando você coloca o pezinho, só olha de longe aquela teoria bonita mas ainda assustadoramente desconhecida, falta o ar. Perto de molhar a barriga, ou fazer as mudanças estruturais no modo de pensar que o caminho do autoconhecimento pede, dá vontade de desistir. Com a água no pescoço, já foi tanto que parece sem sentido voltar atrás... Mas é só quando a gente mergulha que tudo faz sentido.

– Por que mesmo eu demorei tanto?

Eu sempre penso isso quando finalmente entro de cabeça e aprendo algo novo. Faço, então, uma nota mental: ir com calma não significa enrolar. Transformar a nós mesmos para transformar o mundo é uma tarefa urgente. Melhor fazê-la sem pressa e de primeira do que de forma afobada e pouco efetiva.

Depois dessas 100 conversas, ficou claro que todas as respostas que apontavam para a sabedoria seguiam na mesma direção: elas me tiravam de uma visão autocentrada e me colocavam em relação com todos, interconectada, indivisível, em unidade.

Mergulhamos em questionamentos para emergir transformados, mas uma pergunta se mantém: qual é a parte que nos cabe fazer? Para mim, esse é um outro jeito de perguntar qual é o sentido da vida, a pergunta existencial da qual nenhum de nós vai poder escapar e sem a qual a felicidade me parece impossível. Se mesmo sem saber ainda ao certo a resposta você não pensa em desistir da busca, bem-vindo ao time.

Meu convite para você, que serve de lembrança para mim, é que cada um desses grandes questionamentos seja experimentado calmamente, para que possa inspirar e apontar novos caminhos, que só existirão quando você os trilhar. Se você já escutou os episódios reunidos aqui, escute de novo: o caminho do aprendizado é como uma espiral e sempre podemos voltar ao mesmo ponto e aprender algo mais profundo. Se você nunca ouviu nenhum, talvez este seja o melhor momento. As conexões estabelecidas em cada capítulo são apenas algumas das muitas possíveis: desfrute da liberdade para navegar essas 100 conversas como quiser.

Obrigada por fazer parte da minha jornada.

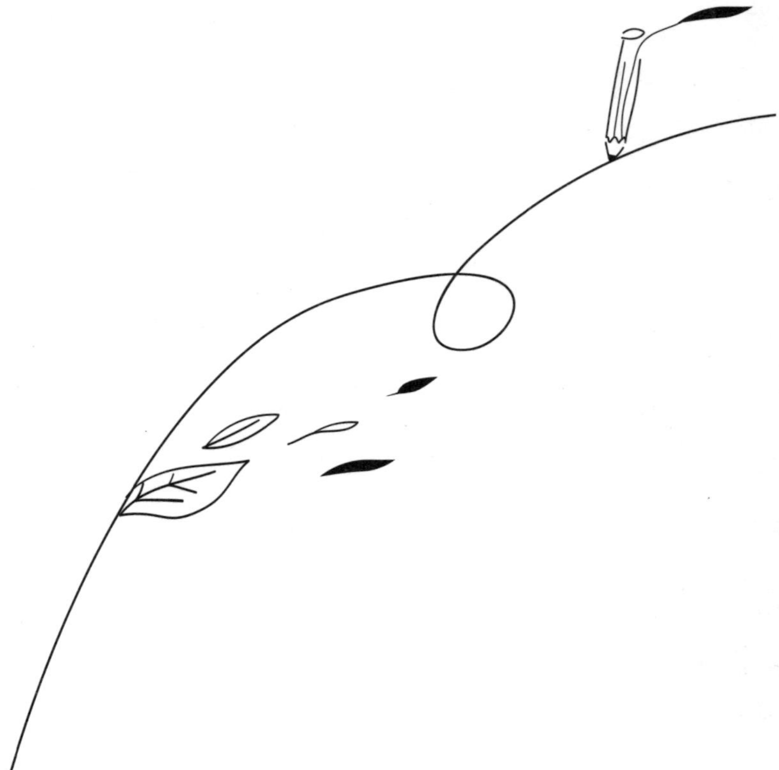

OBSERVAR A PRÓPRIA MENTE

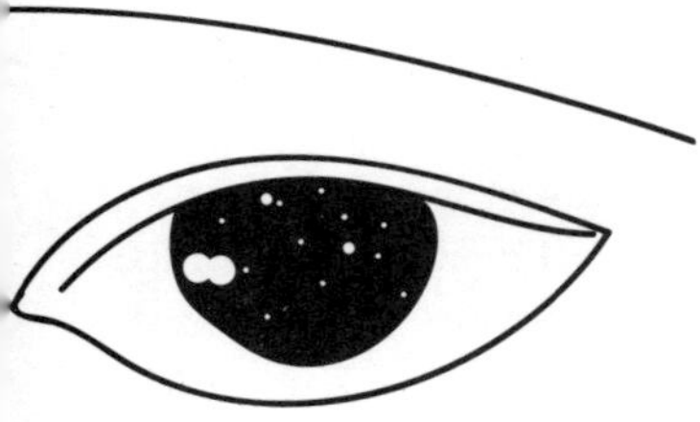

De olhos fechados. É assim que me preparo para uma conversa do Jornada da Calma. Não se trata de uma regra ou ritual demorado, mas ao cessar por um instante alguns estímulos sensoriais, as chances de ampliar a percepção do momento e ficar presente aumentam. A cada repetição desta prática, fica claro que tem "alguma coisa" acontecendo que não depende das imagens exteriores: há emoções, pensamentos, crenças, desejos. É um universo interno, e inteiro, que contém inclusive uma consciência de um "eu" percebendo tudo isso.

Quando apontamos nossa atenção para esse fato, chega a parecer óbvio: "Claro, essa é minha mente em ação". No dia a dia, porém, é fácil circular por aí indiferente ao fato de termos uma mente. Essa autopercepção tem cara de (e é) um primeiro passo no caminho do treino de observação da própria mente. Mas ao conversar com quem chegou longe nesse processo, entendi que ela também está presente nos passos mais avançados.

Desde que nascemos, somos ensinados a entender que temos um corpo. Repare em como brincamos com as crianças pequenas: "De quem é esse barrigão? Cadê a sua mãozinha?". A fase dos bebês de levar o pé na boca, morder e perceber que aquela extremidade lhes pertence também é importante: ela confere contorno e um senso de identidade. Quando nos ocorre perguntar para uma criança, porém, sobre o seu estado mental? Como ensinamos o vocabulário para falar dessa condição interior tão particular? Quanto nós mesmos reconhecemos que a nossa experiência é indissociável das nossas emoções e interpretações?

Não é de se espantar que cheguemos a fase adulta com corpo e mente tão desconectados. Sinto às vezes que não passei tanto dessa fase de entender onde começa e termina o que chamo de eu. Tenho um cérebro protegido por um crânio, ele faz sinapses, tem elementos químicos e impulsos elétricos trabalhando juntos numa funcionalidade impressionante. Sei que eu penso, porque estou aqui e estou pensando. Mas nem a máquina mais potente consegue dizer: onde exatamente está a mente? Cadê essa consciência que existe e está sendo ativada para escrever agora?

Fiz essa pergunta para o psicanalista Christian Dunker. Seu ponto de partida foi o senso comum que pensa no cérebro como o hardware, a CPU do computador. A mente seria então como os programas, os softwares. A clareza do exemplo traz conforto, uma sensação de "ufa, entendi". Trata-se, porém, de apenas um modelo, uma analogia com a tecnologia que faz sentido para o nosso tempo, mas está longe de ser definitiva. Basta olhar para o passado e ver como já explicamos o que era a mente. No século XV, com a invenção da imprensa, comparava-se a mente a um livro, com páginas sequenciais e códigos escritos. No século XVII, a mente era um relógio, com engrenagens finamente ajustadas para movimentar ponteiros. Mais adiante, no século XIX, seria uma máquina movida a vapor. Podemos chegar aos modelos mais atualizados, comparações com algoritmos e dados encriptados, mas será que algum desses mapas dá conta verdadeiramente do território mental que tentamos conhecer?

– A coisa é um pouco mais complicada.

– Dunker sabe do que fala.

A complexidade começa na própria anatomia do cérebro. Em tese, o órgão seria universal para todo mundo. Todos têm rim, baço, fígado, que fazem aquilo que rim, baço, fígado fazem. Com o cérebro, não é bem assim. A neurociência tem descoberto que o cérebro é muito diferente de pessoa para pessoa, lembra uma impressão digital. Como é possível?

– A linguagem muda o chassi do seu cérebro. – explica Dunker.

O cérebro dos japoneses, por exemplo, opera de outras formas em relação ao cérebro dos ocidentais, porque a estrutura dos idiomas varia. As experiências moldam como o órgão resolve funções acionando redes diferentes, em alguma medida, de pessoa para pessoa. Para deixar tudo ainda mais intrigante, há uma informação que, segundo ele, deixa abismado até quem estuda psicoterapia (que dirá eu): você faz psicoterapia e seu cérebro muda. É possível captar a transformação em exames.

Nosso cérebro muda conforme as interações, a linguagem e a vida que temos. Impressionante, não é?

Ficar pensando nessa maleabilidade pode parecer só um exercício de abstração (divertido, mas inócuo). Ao falar de saúde, porém, essa não-rigidez é a base para uma abordagem bastante singular de Dunker sobre a depressão, por exemplo. No fundo, ela não seria uma única coisa estática, mas uma personalidade múltipla. Sua mensagem se estende aos sintomas, que dependem fortemente de como são nomeados. É como num relacionamento amoroso, que a própria definição de "namoro" ou "amizade colorida" influencia a dinâmica a dois.

– É muito poderoso quando alguém nomeia: você sofre disso. Tem gente que se aquieta com isso, mas é só uma parte do processo – alerta Dunker.

A orientação de manter a mente aberta sobre essa questão não exclui a necessidade de prestar muita atenção em todas as particularidades de cada um, pelo contrário. Tanto a loucura quanto as coisas mais incríveis dos outros, ensina Dunker, moram nos detalhes.

Quando foi a última vez, porém, que você prestou muita atenção em cada detalhe de alguém? Eis a pergunta que Alexandre Simone e Lucas Galdino, do canal ter.a.pia, buscam responder. Os rapazes de cabelos cacheados e gentileza sem igual tiveram uma ideia original: entrar na casa das pessoas para gravar depoimentos sobre suas trajetórias de vida enquanto elas fazem o que basicamente todo mundo faz, gostando ou não. Lavar louça.

– Às vezes é só olhar para o lado e falar 'Ei, está tudo bem? Me conta mais de você'. – diz Alexandre Simone.

– A gente cria um laço muito forte com as pessoas – completa Lucas Galdino.

A pilha de pratos, os copos e os talheres (eles são a pior parte de ensaboar para você também?) não são cenográficos: a sujeira inicial é real. Nem sempre, porém, ela diz respeito somente aos objetos. Quantas vezes não foi durante uma sessão de água corrente e detergente que você percebeu estar encanado com uma questão? Com a mente literalmente encardida de preocupações e julgamentos?

Existe algo de meditativo nessa corriqueira prática de lavar louça. Para começar, ela exige que os nossos olhos não estejam na tela do celular ou do computador (uma raridade hoje em dia, convenhamos). Sem atenção no tato, deixar passar uma frigideira que não foi enxaguada direito é fácil, fácil. Na organização do escorredor, cuidado é fundamental. Se a atenção estiver dividida, pode rolar um acidente. Ainda que enxergue benefícios em todas essas etapas – e adore entrar na cozinha e encontrá-la limpa – muitas vezes postergo a tarefa e fecho os olhos para a bagunça.

A procrastinação e seus efeitos incômodos não são diferentes na lida com a nossa própria mente. Curiosamente, parar para ouvir os entrevistados repassarem momentos importantes de suas trajetórias nos convida a fazer igual. Nessa "revolução do rodinho", como eles brincam, a ideia é lavar louça, conversar mais consigo e achar disposição para ouvir mais o outro.

– Lavar louça é terapia. Contar histórias é terapia. Por que não juntar os dois? – questionam os dois.

Água e sabão sozinhos não dão conta do recado no caso da mente, mas a metáfora é poderosa. A terapeuta Marcelle Martins também recorre a ela:

– Precisamos aprender a fazer uma limpeza emocional e mental.

Sua voz doce mas firme conta que ela experimentou muito de perto a urgência de uma mudança. Foi no ambiente corporativo, onde muitos dos nossos desequilíbrios vêm à tona, que Marcelle ficou de cara com o peso da nossa sordidez mental. Em grandes companhias, sua função incluía participar do diagnóstico de clima dos setores. Acompanhar de perto as sensações dos nossos colegas de trabalho (e as nossas próprias) nos deixa de cara com o estresse, as cobranças e comparações, os erros desse "sistema" do qual fazemos parte.

Quem nunca presenciou ou protagonizou um choro no banheiro do escritório? Quando a única saída parece ser nos esconder, há algo que precisa ser resolvido.

– As pessoas não queriam mais bônus, queriam um abraço – constata Marcelle.

O pedido por abraço era acompanhado de muito choro de executivos com décadas de carreira que sentavam numa reunião e desabavam. O estilo de vida acelerado estava levando todos a sua volta para um grande sofrimento. Era preciso parar e regenerar.

– As pessoas são seres sensíveis, delicados. Mas a gente está muito durão, muito pedra – aponta Marcelle.

Eu não quero virar pedra e sinto que você também não.

É só mais molinho, mais flexível, que é possível enxergar a beleza no mundo. Quando foi a última vez que você parou para olhar para o céu? Se der vontade de soltar o livro e fazer isso nesse momento, aproveite. Você anda pela sua cidade e repara quando tem um rio ou uma árvore do seu lado?

Esse direcionamento da atenção para o belo pode significar uma possibilidade de reabastecimento, de contato com a nossa natureza contemplativa, e não implica negligenciar o cuidado com quem mais precisa.

– Por que não olhar ao redor, olhar para o outro? Podemos tentar ajudar, colaborar, cada um dá o que pode. O que não funciona é a cultura do ódio – diz Angélica.

Foi depois de um acidente de avião com toda família que a apresentadora de tevê despertou para a necessidade de reavaliar como vivia a sua vida, como estava a sua mente. Antes, olhar para dentro era para ela um "papinho namastê, daquele cara lá zen". Hoje, é um papo necessário, que ela decidiu investigar em suas meditações e levar para a pauta da televisão também, quebrando um tabu que havia no meio sobre as discussões a respeito da felicidade.

Para desfazer tabus, o antropólogo Michel Alcoforado nos coloca todos no mesmo balaio. De perto, ninguém é normal. Esse é o mantra básico de todos os antropólogos. O papel desses profissionais é tentar descobrir por que as pessoas fazem o que fazem, entender o outro a partir do ponto de vista dele, num caminho bastante tortuoso. Se perder para depois se achar é praxe. É assim que Michel acredita que uma jornada de autoconhecimento e o caminho da antropologia se cruzam. Ambos partem de entender como o mundo se constrói para desconstruir tudo o que for necessário.

Entre as mudanças mais urgentes está o fim de uma visão individualista da vida. Falando assim, parece rebuscado. Mas o ditado popular que Michel escolhe para exemplificar o cenário deixa o entendimento mais palpável. "Farinha pouca, meu pirão primeiro." Como não reconhecer na nossa própria mente esse movimento autocentrado de garantir "o seu", custe o que custar? Ao mesmo tempo, como não concordar que essa visão estreita é o que nos trouxe tão fundo no abismo?

– A gente já sabe que esse negócio do individualismo não vai dar certo e por mais que ele se acirre agora, o que vai acontecer é ter mais gente percebendo que não vai dar certo – avisa Michel.

Dizer que o individualismo não vai dar certo, num primeiro momento, pode parecer uma contradição com o instinto da sobrevivência. "Em caso de despressurização da cabine, máscaras de oxigênio cairão automaticamente. Coloque primeiro a sua e depois auxilie as pessoas ao seu lado." Quem andou de avião alguma vez reconhece a frase de segurança padrão – e quem se aventura pelo autoconhecimento certamente já ouviu alguma analogia com ela. Mas aceitar que o individualismo não vai dar certo não é esquecer de cuidar de si ou deixar de colocar sua máscara de oxigênio, mas reconhecer e refutar uma tendência egoísta de querer pegar as máscaras dos passageiros de toda a sua fileira, só para garantir que não falte nada para você. Aceitar que o individualismo não vai dar certo é assumir que a colaboração nos leva mais longe que a competição, como pontua o filósofo Mario Sergio Cortella.

Podemos olhar para o mundo e ver muitas pessoas competindo. Atos gananciosos ou corruptos ganham holofote e nós falamos: "Olha lá a natureza humana." Mas procure de novo e veja se não há colaboradores silenciosos sustentando elos nessa grande cadeia humana. Atos bondosos e desinteressados que quase passam batido, mas para os quais podemos olhar e falar também: "Olha lá a natureza humana."

Para que a balança entre essas posturas se inverta nesse mundo de incertezas, Michel acredita que podemos investir em perturbações no jeito automático de pensar, em provocações que façam pensar para mudar.

Ainda que a fé na possibilidade da mudança esteja fortalecida, diante da incerteza instaurada, como saber para onde ir, como traçar caminhos para o futuro? Essa foi a minha primeira questão para Joana Mao.

– Substitua a preocupação com planejamento por relacionamento – sugere Joana.

Para compreender melhor essa fala, começamos assumindo: as coisas sempre mudam, não adianta ter a expectativa que elas não vão mudar. No exercício de criação de um planejamento, porém, partimos do princípio que tudo vai se comportar como já esperamos. E se toda essa energia gasta com o planejamento fosse redirecionada para as pessoas que estão ao nosso redor durante a realização de um projeto? Elas costumam se manter mesmo quando as condições externas se alteram. Nosso foco pode estar nos relacionamentos, tanto em empreitadas profissionais quanto em outros projetos sociais, inclusive na vida cotidiana mesmo. Se aprendermos a conviver e nos comunicar melhor, qualquer desafio futuro pode ser encarado com mais ânimo e chance de sucesso.

No relacionamento com a Joana, descobri que questões filosóficas, como "Quais valores colocamos para rodar em nossos projetos?", não estão separadas de questões práticas, como o papel de uma liderança. Para costurar esses caminhos, ela convida a olhar para cada situação como ensinamento. Não há soluções pré-definidas porque todas as cenas são inéditas, só podemos vê-las no momento presente. Talvez seja preciso pedir ajuda de outras pessoas para enxergar uma saída, talvez não tenhamos ainda as ferramentas disponíveis para colocar as mãos à obra, talvez o primeiro passo seja desistir da severidade de ter que acertar e ser melhor. Mas podemos seguir com o imprescindível:

– Eliminar o medo é essencial. E quando a gente serve, quando a gente está fazendo com o outro e pelo outro, o medo se esvai – compartilha Joana.

Para Joana, essa conversa é indissociável do clareamento do propósito – mas não exatamente da forma como ele costuma ser abordado. Esqueça as estratégias mirabolantes para tentar encontrar o "seu propósito": isso vai tornar mais difícil achá-lo. Estamos num momento em que podemos fazer muito uns pelos outros. Esse reconhecimento é que enche o coração de sentido. Observando esse contexto, ela enxerga um único propósito para todos, apenas manifestado em formatos diferentes.

Temos uma importância inquestionável uns na vida dos outros. Curtir essa interdependência é o que dá senso de propósito.

Joana Mao

Interdependência não é uma palavra muito comum no nosso vocabulário – ao menos não era no meu, antes do Jornada da Calma. Mas foi esse termo que Daniel Cunha usou para descrever nosso encontro. Por muito tempo, o Daniel foi para mim só aquele-menino-do-colégio-amigo-da-minha-irmã-que-eu-só-via-de-longe-no-recreio. De fato, ele é ex-aluno do mesmo colégio que eu, o Santa Maria, amigo da minha irmã, a Marina, e do meu cunhado, outro Daniel. A lista de intersecções nas nossas histórias é grande e revela mais que coincidências: é uma manifestação da interdependência. Já pensou em como estamos conectados entre nós? Não é uma particularidade minha com o Daniel, vale para todos, para tudo. Nossos pensamentos e emoções geram ações e reações, o que está dentro e o que está fora se sobrepõem.

– Não tem mundo lá fora, algo na minha experiência que seja independente da minha mente. É a minha mente que está mediando tudo, apreendendo tudo – afirma Daniel.

Diante dessa premissa, olhar para os nossos estados mentais torna-se algo tão (ou mais) necessário para o bem-estar do que escovar os dentes, por exemplo, ou lavar a louça.

Dedicado ao estudo das práticas contemplativas, ele sabe explicar o que parece difícil à primeira vista porque parte sempre da primeira pessoa, da sua própria experiência em contato com a mente. Para observar algo, para conversar com alguém, usamos a nossa mente, trazemos referências do passado. Reconhecendo isso, conseguimos ficar mais livres desses filtros. A cada momento, a cada encontro, podemos não nos fechar em preconceitos rígidos sobre o que está se apresentando e ficar atentos ao mosaico de identidades impermanentes que se tocam.

Seu caminho de liberação começou, paradoxalmente, com um processo de adoecimento. Foi o diagnóstico de esclerose múltipla que lhe despertou para ir atrás da sensibilidade perdida. No processo de tratamento, foi aprendendo a não congelar uma visão de futuro diante do diagnóstico, assim como Christian Dunker tinha indicado que era possível fazer. Junto com essa abertura, Daniel topou olhar para como eram seus pensamentos e emoções.

– Eu vinha cultivando um ambiente tóxico dentro de mim, e quando me dei conta disso, percebi que poderia cultivar outra mente, outro mundo interno.

O impacto das suas palavras faz crescer a confiança de que é possível, sim, encontrar grande sabedoria e sincera humildade. Buscamos segurança, tranquilidade, mas a prática talvez seja ficar tranquilo com a incerteza, ganhar habilidade de ficar bem no meio do não saber.

– Estou falando isso como um papagaio, não tenho essa clareza, mas eu sei que o caminho é esse. Internalizar é praticar, olhar de novo, de novo, de novo – afirma Daniel.

Olhar de novo pode ser um exercício ainda mais desafiador quando estamos diante de alguém que temos certeza que já conhecemos. Foi assim com a Mayana Neiva. Na esfera externa, ela é atriz consagrada de teatro, filmes, novelas e séries. Mas conta de uma esfera bem mais íntima:

– A gente passa a vida organizando as situações externas, mas nossa experiência de vida surge da nossa mente. Minha jornada espiritual sempre foi a minha maior busca – divide Mayana.

Quando a conheci, nas aulas de artes cênicas que cursamos juntas no Teatro Escola Célia Helena, apenas admirava a energia que ela colocava em cena. Não sabia, porém, o que estava por trás de tanto magnetismo: era a ausência de barreiras que essa busca pela iluminação trazia. Havia uma sensação gostosa de reencontro e serenidade só de observá-la.

Mayana contou como aprendeu a meditar ainda criança, no colégio de freiras, e como encontrou no budismo um caminho para a percepção da unidade entre todos. Ela buscava mais contato com o encantamento da vida. Dona de uma risada contagiante, ela conta como é, diante das adversidades, escolher todos os dias cultivar a paz, começando por si mesma:

– A gente toma banho todos os dias, limpa nossa casa, mas passa anos sem limpar nossa mente. Se eu quero mudar meu mundo, tenho que começar mudando minha mente.

O desejo de mudar o mundo é comum a muitos entrevistados do Jornada da Calma. E eu o sinto igualzinho. Diante da magnitude da tarefa, porém, muitas vezes ficamos de cara com desafios tremendos e pensamos em desistir. Em situações como essa, já ouvi muitas vezes uma frase bem-intencionada, mas infundada: "Calma, vai dar tudo certo." Paradoxalmente, foi quando eu ouvi o oposto, "Não vai dar certo", que comecei a tatear o que era preciso fazer para ter alguma chance de sucesso nesse sonho de mudança.

"Não vai dar certo" era o título de uma palestra de Gustavo Gitti. Pode ser difícil de aceitar, mas do jeito que a gente vive a vida, não vai dar certo. O problema não é o nosso trabalho, os nossos relacionamentos específicos, a nossa formação. Se a gente não se der conta que tem uma mente, que a titularidade dessa mente é nossa e que a gente não precisa reagir de acordo com os nossos condicionamentos, não vai dar certo. Para dar certo, vamos ter que mudar tudo. Tudinho.

Quer um exemplo de reatividade? Quando li a frase "Não vai dar certo" na minha timeline, logo gelei e pensei se tratar de uma péssima notícia. Só quando me permiti de fato assistir aos quase 19 minutos da tal palestra é que entendi se tratar de uma boa nova. Percebi que havia algo a ser feito, e eu podia começar naquele momento. Lembro de compartilhar o vídeo no Facebook agradecendo ao Gustavo: "Não te conheço, mas estamos no mesmo barco".

Mais de 2 anos correram desse momento até eu de fato conhecê-lo ao vivo. Nos encontramos no 7º andar do Edifício Abril, na Marginal Tietê, na altura da Freguesia do Ó, onde funcionava o estúdio de gravação de podcasts. Ele me entregou um exemplar do livro *O Poder de uma Pergunta Aberta – O Caminho de Buda para a Liberdade*, de Elizabeth Mattis-Namgyel, que me acompanharia em muitos momentos desde então, reforçando a confiança na abertura para o questionamento.

Nos primeiros minutos de conversa, descobri que meu convidado, o coordenador da comunidade online olugar.org que eu tanto admiro, também estava, como todos nós, sujeito às reatividades mentais. Ele me contou que, sem se dar conta, tinha saído no 4º andar do prédio só porque algumas pessoas tinham descido ali. Para além de contratempos menores, como ter que subir alguns lances de escada, a mente reativa com a qual circulamos por aí traz sofrimentos inimagináveis.

É desconfortável perceber esse estado mental irrequieto? Sim. Mas fiquemos aqui um instante para reconhecer justamente essa não-calma.

– A gente chega num lugar, fica uma ziquizira e a gente já vai para outro lugar. A gente sabe ir, mas não treina chegar. Por exemplo: agora. Chegamos – disse o Gustavo.

Naquele momento, e curiosamente neste exato momento em que escrevo essas palavras, desisti de deixar minha mente vagar para longe e cheguei. Achei bom. E você?

A felicidade não é uma coisa boa acontecendo, mas uma abertura para o que acontece.

Gustavo Gitti

Nessa abertura, transformar a mente se traduz em transformar as relações, ampliá-las para abranger todos os seres com quem dividimos nossa única casa temporária neste planeta. Ainda que a intenção seja louvável, a prática requer bastante trabalho. É mais rápido reclamar de algum comportamento alheio, terceirizar a origem dos nossos próprios sentimentos, cobrar generosidade e atenção de alguém em vez de oferecer generosidade e atenção para alguém. Mas nosso mundo emocional é responsabilidade nossa.

A saída para essa enrascada estrutural, conta Gustavo, já foi muito procurada na empatia. Buscar se aproximar dela afetiva e cognitivamente, porém, não resolve. Já tive muitos amigos de sarjeta, daqueles que você fala "está difícil" e ele responde "está difícil mesmo". Ok, podemos achar algum conforto em estarmos juntos, mas ainda estamos na pior. Para sair desse ciclo, a compaixão é a chave.

– A compaixão envolve a energia focada na liberação do sofrimento. Só existe se você vê saída, com estabilidade, sabedoria, visão, perspectiva. Compaixão envolve sonhar um outro mundo, é olhar um rio poluído e sonhar com ele limpo. Isso é amor também.

Para compreender mais sobre o tema, sua indicação é o livro *Um Coração Sem Medo*, de Thupten Jinpa. *Quando Tudo Se Desfaz – Orientações para Tempos Difíceis*, de Pema Chödrön, é sua outra sugestão de título e conteúdo precisos para ter na cabeceira e ler e reler quando possível.

Um exemplo bem cotidiano que o Gustavo trouxe me ajudou no entendimento. Ele falou da louça suja na pia – e isso eu, o Alexandre e o Lucas do ter.a.pia conhecemos bem. Olhamos a taça marcada de vinho tinto, o garfo com batom ou ainda a assadeira tostada da gordura que foi ao forno e não temos o ímpeto de jogar tudo fora. Reconhecemos que é só sujeira. Ao limpar, tudo sairá. Isso é compaixão. Assim também somos nós com nossos estados passageiros que insistimos em cristalizar como perenes.

Uma das frases que mais ouvi desde a estreia do Jornada da Calma foi: "Que bom, preciso disso, sou muito ansioso". Os dados da Organização Mundial da Saúde (OMS), que colocam o Brasil no topo dos países mais ansiosos do mundo, corroboram a tese. Mas será que "somos" ou "estamos" ansiosos? A distinção vai bem além dos limites linguísticos e abre uma possibilidade de liberação.

– Compaixão com você mesmo é perceber que você pode ter ansiedade por anos, mas você não é ansioso. A gente deveria parar de falar isso: "eu sou ansioso". Você não é isso. Tem uma névoa de ansiedade, mas você pode acessar uma base mais livre da sua mente, ela é dinâmica, pode mudar.

Voltei muitas vezes a essa frase de Gustavo quando senti a garganta apertar imaginando pequenas e grandes tragédias. Entendi que não se tratava de uma orientação para ignorar os sinais e repetir: "vai dar certo, vai dar certo". Mas poderia, sim, ser um convite para relembrar meu papel como agente de transformação. Diante de qualquer buraco ou vendaval, certamente não fui a primeira que passou por isso, nem serei a última.

– A pior coisa que você pode fazer na hora que o sofrimento acontecer é fechar o coração – diz Gustavo.

Mesmo diante do sofrimento, é preciso seguir, entrar em contato com o que pensamos e sentimos, pegar na mão nossas dificuldades e topar limpar as reações condicionadas. Sair do automático para alcançar um estado de mais presença envolve ganhar perspectiva para poder enxergar o céu azul imperturbado pelas nuvens ansiosas da mente. A tarefa não é simples, nem feita de uma vez só. Mas saber que há tantos peregrinos no caminho de observação da própria mente me ajuda a manter o coração aberto. Aí podemos encontrar a quietude para dar o próximo passo.

INVESTIGAR COMO CIENTISTA

Quem entrevistar? Durante uma apuração jornalística, a definição dessa resposta é determinante para a relevância da reportagem final. Um geofísico e um leigo podem igualmente falar sobre a experiência pessoal de sobreviver a um terremoto – mas o especialista é quem tem mais elementos para explicar porque aquela região está sujeita a abalos sísmicos, por exemplo. O caminho da comprovação científica está sujeito a revisões e atualizações, seja pela descoberta de evidências inéditas ou pelo desenvolvimento de novas tecnologias que permitam testes mais precisos. E que bom que é assim! Nosso lado racional aprecia o valor de observar, verificar fatos e testar hipóteses até chegar a teorias mais aprimoradas. Ainda que o negacionismo surja em ondas (cada vez mais desgastantes), a lógica fala mais alto e tem consistência para prevalecer.

Quando nosso foco de estudo é o nosso próprio bem-estar, porém, nem sempre estamos abertos a observações objetivas. Já me considerei autoridade máxima nesse quesito: eu sei o que é melhor para mim. Mas será que eu sei mesmo? Sempre? Ou estou evitando assumir o que me faz mal?

De um ponto de vista subjetivo, muitos de nós afirmamos que o mundo moderno nos rouba a paz. Culpamos o ritmo da comunicação on-line, a pressão de prazos imediatistas, o que for pelos nossos altos níveis de estresse. Mas e se descobríssemos que no começo do processo de urbanização de São Paulo as pessoas já se queixavam da agitação causada pelo trânsito?! Quem trouxe esse fato foi o psiquiatra e professor Daniel Martins de Barros. Não que não estejamos estressados hoje, ou que os desafios contemporâneos não nos demandem, mas cada geração encontra suas próprias barreiras para a serenidade. A diferença é que se antes as coisas funcionavam na força, hoje não é mais assim.

– A sociedade precisa de calma como instrumento de trabalho – afirma Daniel.

Por conta disso, muitas pessoas o procuram em busca de um calmante natural sem contraindicação. Habituado a traduzir conceitos complexos para um público amplo, sempre usando do bom humor, Daniel ressalta que o tal "calmante" existe – mas não é nada do que as pessoas imaginam.

Nossas emoções não são deflagradas imediatamente por situações, mas por pensamentos que temos sobre o que está acontecendo. Pode parecer que o processo é inverso porque o movimento de atribuir significados é muito rápido, não temos consciência dele. Mas repare numa bronca que um chefe de departamento transmite a todos os colaboradores. Diante do mesmo cenário, algumas pessoas do setor ficam bravas, outras choram ou ainda ficam indiferentes. Por que? Cada uma deu uma interpretação diferente para o fato.

– Ninguém tem um braço fantasmagórico que consegue entrar lá dentro da sua testa e apertar um botão para te deixar com raiva – explica Daniel.

Podemos argumentar que é impossível não reagir com raiva a esse chefe em específico ou àquele parente, mas o fato é que nenhum deles têm o poder de controlar nossas emoções. Nessa situação, o que podemos fazer é começar a prestar atenção nesses pensamentos que parecem automáticos. A tomada de consciência é o calmante. Entender que a situação por si só não tem o poder de nos tirar do sério é uma chave para encarar os fatos com mais serenidade.

Do ponto de vista de quem sente a raiva, há naquela hora muitas justificativas que podem (ou não) fazer sentido. Por isso não adianta indicar para a outra pessoa mudar seu caminho de interpretação. É capaz que a irritação só aumente! Esse é um processo que cada um pode fazer por si. E dá trabalho, Daniel avisa. Sem atenção, ouvimos um grito e gritamos de volta, a hostilidade gera hostilidade e a conversa vai numa escalada. Quando estamos preparados, porém, damos um passo para trás para entender o que está acontecendo.

Como médico, Daniel compreende o desconforto e acolhe o sofrimento de quem não consegue ter essa clareza, mas trabalha para esclarecer que cada um pode decidir de modo diferente. Significa que essa pessoa sempre irá conseguir? Não dá para saber. Mas se esse novo comportamento deixar sua vida melhor, isso seria tão recompensador que ela vai querer mais e mais agir assim, é auto-reforçador. A prática não tem a ver com abafar sentimentos desagradáveis e também passa longe de qualquer espécie de apologia ao sofrimento. É mais sobre aprender a identificar os indícios de que algo está faltando, para então mexer na causa do problema.

As emoções são sinais. Funcionam como os alarmes da UTI. Não adianta desligar o alarme sem identificar o que está causando o problema.

Daniel Martins de Barros

A busca por solucionar as causas e ir atrás do que nos faz bem pressupõe mudanças, o que nem sempre é simples, como conta a psicóloga Cinthia Alves.

– Mudar significa acreditar numa coisa que ainda não existe – compartilha Cinthia.

A decisão se apresenta como uma manifestação da nossa liberdade de conhecer um mundo que até então não conhecíamos. É uma forma de exercitar nossa capacidade inata de adaptação. Esticando bem a corda, Cinthia afirma que não mudar pode ser fatal, já que a natureza da vida é dinâmica. Por que esse processo natural assusta tanto? Pois tentamos controlá-lo integralmente – e não damos conta, claro.

– Todas as emoções moram dentro de nós. Todas as habilidades e competências também, o que precisamos é de experiências que as despertem – diz ela.

O treino cognitivo da mente passa por se perguntar sempre o que algo significa sobre você. Alguém se atrasou para um almoço marcado? Pode ter sido o trânsito, pode ter sido um esquecimento, pode até ser que essa pessoa não se importe com você. Em última instância, se alguém não gosta mais de mim, o que isso significa sobre mim? Quem diz que depois de uma separação virá algo pior ou que uma mudança drástica necessariamente vai trazer perda? Quanto é realista dizer que uma mudança vai impedir que outras coisas positivas possam acontecer depois?

– Treinar a capacidade para ter otimismo significa treinar um olhar compassivo – ensina a psicóloga.

Aprender o otimismo, em processos de mudança de hábito, seja de comportamento ou de sensação, abre uma possibilidade de atribuir novos significados. Pode levar tempo, mas depende de uma escolha.

Esse momento de tomada de decisão é o cerne da pesquisa do neurocientista e professor Álvaro Machado Dias. Ainda que a voz firme e clara denote alguém muito decidido, ele diz que não toma decisões com facilidade – por isso pegou essa linha de estudo, para entender seu próprio jeito.

– O processo de tomada de decisão é sobretudo o processo de criar opções – fala Álvaro.

Assumimos que o bom tomador de decisão é aquele que decide de maneira rápida. Será? O caminho da ciência é um caminho de perguntar, de se despir de dogmas. Adiar uma tomada de decisão, ou procrastinar, como gostamos de chamar, é sempre ruim? Eventualmente, pode ser. Mas é esse tempo que permite criar um ambiente de florescimento de novas possibilidades. Assim nos afastamos de decisões que são falsas decisões, impulsionadas apenas pela pressão da rapidez. As decisões mais felizes nascem de quando acionamos a nossa imaginação, ou criatividade.

> **A mudança que todo mundo quer viver na sua vida não tem a ver com grandes transformações, tem a ver com recorrência.**
>
> Henrique Bueno

Também conhecida como ciência da felicidade, a psicologia positiva é a principal área de estudo de Henrique Bueno, à frente do Wholebeing Institute Brasil. Ele afirma que todos nós queremos ser felizes. E queremos mesmo, certo? Paradoxalmente, só esse querer não faz ninguém feliz, fica amplo demais. Como dar passos para na prática chegar mais perto desse objetivo? Antes, é preciso redimensionar as transformações desejadas.

Ao mirar nas viradas de página radicais, achamos que tudo depende só da nossa força de vontade. Quando tentamos algo e não conseguimos, passamos a nos culpar por não ter êxito. O que as evidências das pesquisas nesse campo demonstram, porém, é que a força de vontade é um recurso que se esgota, portanto não convém depender apenas dela.

Também dedicado ao estudo da psicologia positiva, Luiz Gaziri se debruça justamente sobre o tópico da motivação, outro nome para a força de vontade. O que nos faz levantar da cama todos os dias? Será que a ambição de alcançar uma meta? Ou talvez pensamentos positivos?

– A motivação é baseada em três princípios: a autonomia, a competência e os relacionamentos – diz Luiz.

Numa esfera mais próxima, ele conta que um dos maiores motivadores que existe pode ser simplesmente finalizar uma tarefa. Se colocarmos um objetivo muito difícil, podemos nos sentir incompetentes e desmotivados.

A fim de manter a motivação, Henrique sugere focar em mudanças incrementais que cabem no dia, como se mudássemos em 1% a rota de um avião fazendo uma volta ao mundo para vê-lo pousar num local bem diferente do inicialmente planejado. Para entender onde ajustar essa rota, Henrique parte do modelo SPIRE de bem-estar integral, criado pelos estudiosos Tal Ben-Shahar e Megan McDonough, fundadores do Wholebeing. Cada letra representa, no inglês, um aspecto da felicidade. Há a dimensão espiritual, relacionada a uma vida vivida com propósito e apreciação do presente; a física, ligada ao cuidado com o corpo e a mente; a intelectual, diretamente associada à busca por aprendizados e novas experiências; a relacional, que abrange a qualidade dos relacionamentos com os outros e conosco; e a emocional, responsável por comportar todas as emoções e buscar a resiliência e positividade. Destrinchar esse leque de dimensões do bem-estar abre as possibilidades de mudanças. Para que elas se concretizem, um elemento não pode faltar.

– A gente tem que estar pronto para dizer sim. Toda mudança começa com esse sim – afirma categoricamente Henrique.

No capítulo Fazer Arte, o palhaço e ator Marcio Ballas voltará ao tema do "sim". Por ora, a trajetória de Henrique, que depois da nossa entrevista veio a ser meu professor de psicologia positiva, me ensinou a nunca parar nas aparências. Por muitos anos, ele se dedicou ao direito e construiu uma trajetória de sucesso financeiro e estabilidade. Quem olhava de longe, dizia que ele estava com a "vida ganha". Mas ele sentia um vazio.

A busca pessoal por mais felicidade o levou até a primeira fileira da sala de aula da psicologia positiva com Tal Ben-Shahar e depois a uma nova profissão preenchida de propósito. Do lado de fora, pode ter parecido uma passagem linear, mas ele conta que teve muitos tropeços. A cada momento, ele pensava em como queria ser no futuro. Será que ele queria ser alguém que conversa com os outros sempre com os olhos no celular ou um pai presente no desenvolvimento dos filhos?

Foram esses olhos no futuro que fizeram Abilio Diniz repensar suas decisões presentes.

– Envelhecer é uma certeza, agora envelhecer bem é uma escolha – afirma Abilio.

Ele e a esposa Geyze Diniz criaram o portal Plenae para compartilhar conhecimento e ajudar as pessoas a viver uma vida longa e com qualidade. O objetivo de atingir essa plenitude sem limite de idade começou com uma inquietação. Eles se perguntavam como queriam estar quando estivessem mais velhos.

Você consegue responder a essa pergunta, ou ela parece abrangente demais? E se focarmos numa única atividade comum no dia a dia, como subir escadas. Como você quer subir escadas quando tiver com 60, 70, 80, 90 anos de idade? É impossível controlar todas as intercorrências que podem influenciar o desempenho dessa tarefa ao longo dos anos, mas de olho nesse objetivo de manter-se ativo, por exemplo, os exercícios físicos se tornaram um dos pilares da vida do empresário. Alimentação, controle do estresse, autoconhecimento, espiritualidade, fé e amor são outros. Geyze também compartilha da importância de identificar seus portos seguros.

– As pessoas não nascem com esses pilares tão claros. Mas aquilo que a gente faz diariamente a gente consegue quantificar – demonstra Geyze.

Quando trazemos a felicidade para a esfera do dia de hoje, ela fica mensurável. Da soma dos dias e das muitas decisões, chega-se a uma vida mais feliz. Algumas barreiras, porém, são tão arraigadas ao nosso modo de pensar que é difícil transpor. Abilio conta que quando completou 80 anos, justamente quando ele e Geyze comemoraram o lançamento do Plenae, ele começou a vislumbrar um muro logo à frente. No momento da nossa conversa, então com 83 anos, ele contou que parou de pensar no fim. Para ele, importa viver feliz hoje. Isso, ninguém te tira.

Diogo Lara também está de olho em viver o presente e construir um bom futuro, mas não se engana quanto ao peso do passado. Ele compara as situações passadas que não conseguimos resolver internamente a uma espécie de tralha que vamos carregando. Simplesmente dizer "viaje mais leve", como tantas vezes vemos em mensagens motivacionais, não dá conta do recado. O próprio Diogo, psiquiatra, neurocientista e apaixonado pelo estudo do comportamento humano, não ficou imune ao desenvolvimento de um quadro depressivo após um trauma.

– A separação entre passado e presente não é tão clara assim para nós – afirma Diogo.

Esses registros não ficam só no cérebro, como costumamos pensar. Eles estão no corpo todo. Aliás, a própria divisão entre cérebro e corpo não faz sentido quando percebemos que somos um sistema integrado. De olho nessa característica, buscando novas formas de acessar nossos estados emocionais, Diogo passou a combinar meditações e diferentes terapias para chegar a mecanismos de processamento de memórias.

Sabe aquele medo de errar na frente de todo mundo que vem lá da escola, quando uma professora te chamou para ir à lousa e você se sentiu desconfortável? E se fosse possível voltar a esse episódio, abrir essa memória como se estivéssemos lá naquele momento de novo para passar por uma atualização? Esse é o paradigma da reconsolidação de memória, uma das bases da abordagem integrada da mente proposta pelo psiquiatra.

Como uma pessoa bastante analítica, percebi que estava ouvindo e apenas intelectualizando a construção, buscando comparar tudo com o que eu já tinha ouvido antes. Fiquei curiosa, porém, sobre como seria sentir essa experiência. Ao compartilhar a dificuldade de sair desse “cabeção” e buscar outra forma de ouvir, ganhei de presente uma das explicações mais interessantes sobre ego e consciência que já conheci.

A consciência é um radar que consegue identificar tudo com mais clareza. Quando abrimos espaço para sentir de maneira mais plena, acessamos a consciência e pedimos que ela assuma o comando no lugar do ego. O ego, explica Diogo, é o nosso "eu separado", responsável por funções importantes de fazer, pensar e controlar. Em outras palavras, gerenciar nosso cotidiano. Acontece que fomos moldados para operar a partir do ego. Assim, ele assume a função de nosso presidente, o CEO, quando deveria apenas ser um gerente operacional.

Questões de ego e consciência são velhas conhecidas da ciência - e do autoconhecimento. Neurocientista à frente do curso Gestão Emocional nas Organizações - Cultivating Emotional Balance, Elisa Kozasa foi pioneira aqui na pesquisa científica sobre meditação. Inicialmente, o foco era avaliar os seus efeitos em quadros de ansiedade e depressão. Ao investigar a fundo, comprovou benefícios (que podem ser desfrutados num contexto laico, independente da fé) e também descobriu limitações. Hoje, por exemplo, ela afirma que a meditação não é para todo mundo. Todos podem aprender a parar para se olhar, mas pessoas que estão em transtornos mentais ativos, deprimidos ou muito ansiosos, por exemplo, precisam de ajuda de um profissional de saúde mental, de um psiquiatra e um psicólogo para se recuperar.

Ela explica que diversas pessoas confundem "meditar" com "refletir", ficar encucado com alguma coisa. Por isso, a expressão escolhida em muitos momentos é a da prática contemplativa.

O contato de Elisa com a contemplação extrapola o campo de estudo profissional e se mescla com a vivência individual. Seu interesse surgiu do contato com o aikido, a arte marcial japonesa. Após anos de dedicação, até o surfe, esporte pelo qual ela é apaixonada, pode ser experimentado como oportunidade de treino de contemplação ou direcionamento da atenção.

– Todas as questões de ciência sem dúvida são importantes, mas se o indivíduo não é tocado, não adianta nada – afirma Elisa.

Do rico ponto de vista de cientista e observadora da sua própria mente, Elisa foi a primeira pessoa a ser nomeada na América Latina do Instituto Mind & Life, entidade reconhecida justamente por promover o diálogo sobre a consciência entre cientistas e contemplativos. De forma direta, ela ajuda a esclarecer o que são as experiências de iluminação, descritas em diversas tradições, cristãs, budistas, taoístas... Trata-se da possibilidade de alcançar um estado de grande saúde mental, de grande equilíbrio emocional e grande sabedoria. E nós, não iluminados, o que acontece conosco no nosso dia a dia?

– Nós nos deixamos arrastar pelos menores problemas e acabamos vivendo dramas internos específicos, não conseguindo enxergar a amplitude da vida – conta Elisa.

Conhece a sensação de tomar um caldo na praia? De repente, perder o chão, ser engolido pelo mar e nem saber por onde sair? Às vezes, é assim que lidamos com os desafios emocionais do cotidiano. Ainda que as coisas não saiam sempre como a gente espera – aliás, elas quase nunca saem –, a ideia é desenvolver consciência da impermanência e o máximo de virtudes. Se lhe faltar otimismo para acreditar que seja possível, Elisa pode ajudar:

– Acredito que as coisas têm uma solução, talvez por isso seja cientista. Se você não acredita, não dá para trabalhar em ciência.

Para Murilo Gun, achar soluções é papel de todos os criativos, não só dos cientistas. Se os problemas, de forma ampla, podem estar em todos os lugares, ele acredita que precisamos estar atentos e com a curiosidade sempre aguçada para captar saídas inovadoras.

– Criatividade é a imaginação aplicada para resolver um problema – defende Murilo.

Ainda que o ponto de partida possa ser um problema, percebê-lo não é sinônimo de reclamar dele. Para Murilo, o modo reclamação é um indicativo de entrada na sintonia do medo. Nessa chave, começamos a fugir dos riscos, evitar broncas, minimizar nosso alcance. No fim, viramos o que sobrou depois de tantas podas. Para sermos criativos, o gargalo está na coragem.

Quando nos conhecemos em 2019, no lançamento do Dia Mundial da Criatividade, ele estava de chinelos, numa agência, apresentando sua visão sobre a criatividade como o caminho da paixão e da curiosidade pelo que nos motiva, em oposição ao caminho da subtração guiado pelo medo. Sua presença de palco e expressividade deixavam escapar o seu passado de comediante. A fala dinâmica combinava com o papel de palestrante e professor de diversos cursos online, como o *Reaprendizagem Criativa*.

De lá para cá, a coragem de mudar e a vontade de buscar novas formas de expansão da consciência trouxeram novas perspectivas para Murilo. Suas aulas gravadas, antes pagas, passaram a ser oferecidas de graça. Os estudos foram ampliados para abranger outras formas de contar o tempo, relacionar-se com a natureza e alinhar-se com as sincronicidades. No antebraço, ele tatuou "Tudo é perfeito". O sentimento de gratidão, que emerge no lugar da reclamação, vem da percepção de estar no lugar correto durante o caminhar. Murilo fala de ficar de frente com o medo, perguntar por que ele está ali, e encontrar o que te apetece, quais causas e questões te mobilizam. Isso é senso de propósito. De tudo, porém, o mais importante são as pessoas. Elas que nos colocam na trilha do amor.

– O poder de todos juntos é maior que a soma das partes – acredita Murilo.

Para a jornalista e iogue Petria Chaves, estar nessa trilha amorosa de conexão conosco e com os outros é perceber também que não somos fáceis, que há muito a ser lapidado.

– Eu estou escolhendo o tempo inteiro, é muito refinado perceber o momento que você cai no vacilo de você mesmo – diz Petria.

Onde estão esses vacilos? Orientados pela busca da verdade, escapamos de extremos negacionistas que acham que a Terra é plana, por exemplo. Sem um esforço de olhar para as nossas sombras, porém, é mais fácil entrar numa espécie de barbárie na esfera virtual, não é? Quando vemos, já estamos num bate-boca improdutivo e agressivo.

Ao produzir o documentário *A Verdade da Mentira*, Petria ficou de frente com o nosso desgaste civilizatório quando o assunto é política. Para ela, a bola da vez é entender a discussão de política e espiritualidade como dois lados da mesma moeda. Como achar a ponte? Na linguagem.

A fala e a escuta estão no centro do trabalho de Amanda Ramalho, à frente do podcast Esquizofrenoias. A sensação de carregar uma emoção pesada – e não poder compartilhá-la com ninguém – a acompanhou desde a infância. Quando estreou seu próprio programa, decidiu abrir o jogo com o público sobre assuntos como bipolaridade e ansiedade – e encontrou alívio. Sua intenção era abrir um canal de comunicação para que outras pessoas não tivessem que lidar com essas questões sem ter com quem conversar, como foi na sua adolescência.

– Quando se fala em saúde mental, tem um tabu. Nosso trabalho é desmistificar – pontua Amanda.

Amanda conta de um episódio muito emocionante, quando participava de uma mesa de debate sobre saúde mental ao lado de outras influenciadoras jovens e um médico. Na plateia, uma mãe bastante abalada contou que tinha depressão e que sua filha, que estava ao lado dela, também tinha o mesmo quadro. Ela disse que a garota fazia tudo certinho, mas nada melhorava, ela não sabia mais como ajudar.

Sem cerimônias, Amanda pediu o microfone e se dirigiu diretamente para a jovem. Perguntou há quanto tempo ela não tomava seus remédios e a garota respondeu: há três meses. Ela estava mentindo para mãe e Amanda percebeu.

A abordagem direta, que poderia gerar ressentimentos, na verdade foi o início de uma amizade entre elas. Não importa o quanto a nossa educação tenha dito que as nossas dificuldades devem ser guardadas só para nós. Buscar ajuda, falar com alguém, é fundamental.

No consultório do médico Henrique Rego, a escuta sensível e ativa é o ponto de partida para identificar o que é possível fazer.

As pessoas buscam médicos desejando ter mais saúde, mas no fundo elas só querem ser mais felizes.

Henrique Rego

Para cuidar daquele paciente, o geriatra, médico de família, especialista em medicina integrativa, músico e palhaço (sim, o currículo é extenso) faz um treino de tirar da frente os seus próprios pensamentos e se colocar aberto para a conexão com as pessoas à sua frente. Isso significa estar atento não só às palavras ditas, mas também à comunicação não verbal, às sensações e pistas que trocamos em um encontro.

Uma de suas ferramentas de conexão é a música. Henrique cita com carinho o tratamento de uma senhora idosa com Alzheimer, doença que em fases mais avançadas leva ao comprometimento da linguagem. A memória musical, porém, é uma das últimas que se perde. Ela sempre foi professora de piano, trabalhou em conservatório, mas ninguém sabia disso. A paciente estava muito agitada numa casa de repouso e ele começou a buscar o que fazia sentido para ela, como se comunicar de uma forma que a acalmasse. Conversando com a irmã, descobriu seu passado com o piano. Quando conseguiu um instrumento afinado, pediu que tocasse *Garota de Ipanema*, de Tom Jobim. De início, ela não compreendeu. Então ele cantarolou: "Olha, que coisa mais linda..." E daí para frente ela tocou durante 5 minutos, incrivelmente bem. Ela sabia, só não compreendia as palavras.

Quando Henrique visitou a redação para a gravação, uma série de acontecimentos tinha quebrado a harmonia do ambiente. O clima estava tenso no ar. Quando fui buscar uma água, voltei e encontrei meu amigo e entrevistado tirando o ukulele da bolsa e tocando. Lembro de ter ficado com medo do que os colegas iriam pensar, mas o som era tão agradável, e todo mundo ficou tão relaxado, que apenas encostei e aproveitei o momento. Entendi ali o que Henrique havia falado um pouco antes sobre achar nosso estado natural de expressão, de ser quem somos. Reconhecendo esse lugar autêntico, conseguimos identificar quando estamos saindo dele. Do ponto de vista médico, esse desvio pode se traduzir no próprio adoecimento.

Para Mariana Ferrão, foram dois episódios de depressão que a colocaram de frente com sua faceta mais vulnerável – aquela que quando você é "loira, apresentadora e trabalha na Globo", como ela se sentia vista, ninguém parece notar. No momento em que mais precisou de ajuda para quebrar o ciclo do pânico e da depressão, ela ouviu de sua mãe: "Se você não quiser se ajudar, ninguém vai te ajudar". Ela quis.

Da decisão de cuidar de si e se permitir ser cuidada, recebeu orientação médica para agir em quatro frentes: cuidar da sua alimentação como quem cuida da alimentação de um bebê, ouvir o seu próprio corpo, fazer atividade física como tratamento para a depressão e voltar a dormir bem (o que na época demandou uso de remédio).

No seu canal no YouTube, na plataforma de saúde Soul.Me e em todas as suas falas, Mariana compartilha o que aprende olhando para o seu mundo interno e exercitando o olhar para o outro. Somos mais parecidos do que pensamos e as pessoas estão passando por problemas semelhantes, precisam umas das outras.

Ela citou o escritor moçambicano Mia Couto: "E a gente se acende é nos outros", frase que está escrita à mão num quadrinho amarelo ao lado do computador onde trabalho. O presente, feito por uma grande amiga e ouvinte, serve como lembrança diária da nossa interconexão e interdependência.

Relacionamento é o fator número 1 para a garantia de longevidade e bem-estar.

Mariana Ferrão

Não se trata de uma visão pessoal: esse é um dado científico. As ferramentas da ciência para conseguir dados são categorizadas: há estudo randomizado, duplo-cego, com metanálise... Nesse caso, brinca Mariana, não deixa de ser uma ciência do óbvio. É aquilo que sabemos que funciona, mas colocamos à prova para não restar dúvida. Outro estudo compara a solidão aos efeitos maléficos de fumar 15 cigarros por dia. Felizmente, a saída não depende necessariamente de amigos próximos ou familiares. Para vencer a solidão, ajuda falar com quem entrou no elevador, falar com quem está no seu caminho, falar com qualquer um que estiver do seu lado, falar.

Quando sabemos o que temos que fazer, mas mesmo assim não fazemos, buscar inspiração no caminho científico é permitir ser orientado pela curiosidade. E se experimentarmos fazer algo diferente, só para ver como vamos nos sentir?

Pedir ajuda, conversar sobre os resultados, pesquisar saídas inovadoras, descobrir equívocos, vislumbrar possibilidades, tudo faz parte da expansão da consciência. É uma experiência inegavelmente arrebatadora e que ninguém pode realizar no nosso lugar.

MEDITAR EM AÇÃO

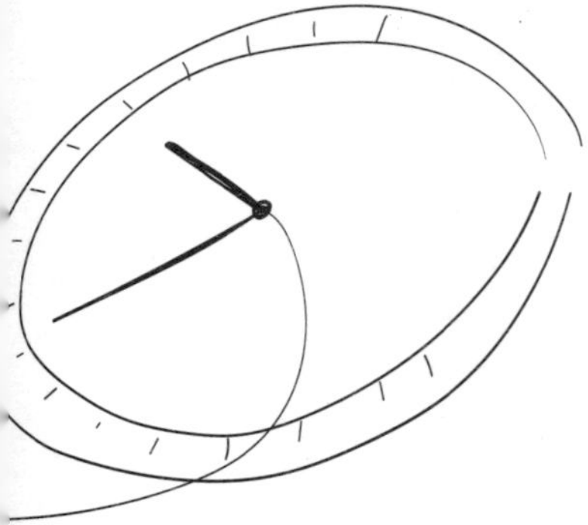

"Você ainda vai meditar". Essa foi a chamada de capa de uma matéria que escrevi para a Vejinha São Paulo em dezembro de 2019. O tom profético não continha nenhum vislumbre da dimensão dos desafios que o ano seguinte nos traria. Tinha a ver com uma constatação mais antiga de que prestar atenção aos estados mentais era algo do qual logo não seria possível abrir mão no dia a dia. Hoje, ainda mais do que naquele momento, acredito que todos nós ainda vamos meditar - apenas não necessariamente do jeito que idealizamos.

No nosso imaginário, alguém meditando está quase sempre sentado de pernas cruzadas, com as mãos repousadas no colo, olhos fechados, respiração e semblante tranquilos - talvez no topo de uma montanha ou templo, quem sabe?! A figura emblemática remonta à tradição literalmente milenar da meditação, de grande valor para quem busca referências e orientação nesse processo de aquietamento. Por estar associada à esfera religiosa, porém, a prática esteve por muito tempo cercada de certo mistério, como se poucos pudessem de fato alcançar a devoção e presença necessárias para atingir a transcendência dos pensamentos condicionados.

Foi a partir dos anos 1970 que começou a se popularizar o protocolo de mindfulness sem viés religioso. Em português, a expressão "atenção plena" tenta dar conta da habilidade de concentrar-se no que está sendo feito no momento (você, por exemplo, pode estar apenas focado nessas palavras ou tentando conciliar a leitura com preocupações ou planos, talvez). Caso esteja no segundo grupo, por favor, não se culpe. Faz parte do treino de meditação perceber para onde nossa mente foi – e trazê-la de volta para onde queremos. Pronto, cá estamos de novo.

Como conjunto de técnicas de foco e respiração, acessível por aplicativos, vídeos guiados e aulas rápidas, a meditação tem tremendo impacto no campo da saúde individual. Mas seu propósito vai muito além. A meditação está ligada à ampliação da percepção da realidade. Ao adotar uma postura mais contemplativa, podemos perceber quais são os filtros que colocamos na nossa frente para observar tudo ao redor. Só assim é possível abrir a visão e genuinamente se transformar. Buscando a intenção que originou todas as técnicas podemos chegar aonde a simples reprodução de posturas e formatos não nos leva. Isso é meditar em ação: de olhos abertos, trabalhando, comendo, cuidando da casa, pagando contas – ou conversando, como tanto gosta Andréa Bomfim Perdigão, referência na terapia corporal conhecida como eutonia.

Quando estudou fonoaudiologia, Andréa aprendeu o que pode parecer óbvio na teoria, mas não costuma ser experimentado assim na prática: a conversa é uma alternância de turnos, um fala, o outro escuta. A hora da escuta é a hora do silêncio, não a hora de pensar na lista de coisas para fazer depois, duvidar do interlocutor ou ainda julgar a roupa que ele está usando, para citar alguns dos ruídos mais recorrentes.

– O diálogo está quase em extinção. Ele é uma prática que tem que ser voluntária – fala Andréa.

Da escolha em se interessar por quem está conosco vem a motivação para essa espécie de silenciamento. É um exercício de estar disponível para o outro, com curiosidade para perceber não apenas as suas falas, mas todos os sinais que seu corpo está nos mandando. Observando, dá para perceber se aquela pessoa está num dia mais cansado ou mais expansivo, por exemplo. Para aprender a enxergar essas sutilezas no outro, Andréa ensina a começar sentindo seu próprio corpo. Como estou na cadeira, como estou respirando? Um respiro consciente, uma entrada e saída de ar é o suficiente para nos trazer de volta.

– Às vezes não dá tempo de meditar, eu sei. Mas você vai abrir a porta? Pega a maçaneta e sente a sua mão nela. Só isso te reúne para a sua inteireza – sugere Andréa.

O trabalho com a eutonia, palavra que vem do grego e significa “tônus equilibrado”, fez com que Andréa estivesse sempre atenta aos tecidos corporais. A eutonia foca na conquista da tensão adequada a cada gesto cotidiano. Será que escovar os dentes demanda tanta brutalidade com a gengiva? É possível aprender a fazer esses ajustes.

Ela conta de uma ocasião, quando seu filho mais velho era pequeno, em que teve de deixá-lo no banho enquanto corria para acudir o caçula. Sem saber como tomar banho sozinho, o pequeno perguntou para a mãe o que deveria fazer. "Onde tiver pele, passa o sabonete", ela orientou. Simples, poético e verdadeiro – mas quantos adultos já se deram conta da extensão desse órgão, por exemplo?

Mais atentos ao nosso organismo, ao espaço que ocupamos no mundo em termos de corpo, podemos nos reapropriar de nós mesmos. Assim como é preciso o silêncio para afinar a escuta para a conversa, é preciso silêncio para afinar a escuta do próprio corpo e entender quando ele está cansado e precisa parar.

Caminhar descalço, sentindo a grama fresca ou a areia quentinha, é um jeito de meditar.

Andréa Bomfim Perdigão

Quando nos perdemos de nós mesmos, estamos mais sujeitos ao esgotamento. Parece que estamos sempre correndo atrás de algo mas nem lembramos mais o porquê de tomarmos certas decisões. Foi o que a mestra em psicologia positiva Flora Victoria encarou durante uma crise de estafa. Da crise, surgiu a percepção da necessidade de parar e repensar a vida de tempos em tempos. A ideia de um sabático como antídoto é tentadora, mas costuma vir acompanhada de muitos empecilhos. Como ficar um longo tempo sem trabalhar? Dá para se bancar no exterior? E a volta, como garantir que ainda haverá um espaço para você?

– Não é preciso viajar para fora para se regenerar. Você pode fazer isso onde você está. O sabático é uma viagem para dentro – compartilha Flora.

Para embarcar nessa viagem, é preciso tempo. Um tempo da felicidade, como diz Flora, ou um tempo para sentir a vida. Com afazeres sempre tão corridos, nos esquecemos de sentir. Dessa forma, entramos numa espécie de prisão emocional na qual acreditamos que as emoções são respostas a cenários externos e não formas de interpretação do que acontece. Com mais tempo, podemos notar quando estamos ruminando certos pensamentos e escolher nos descolar deles. O movimento de sair do ponto de vista atual para ganhar perspectiva e sabedoria pode ser chamado de transcendência.

– Você pode transcender rindo. Ou num momento de perdão – diz Flora.

Outra forma de chegar à transcendência é cultivar a apreciação da beleza. A capacidade de admirar o que é feito com excelência ou o que traz sentimentos de elevação, como um pôr do sol bonito, está mais ligada à maneira de observar do que ao objeto observado. Apreciar o belo pode ser ouvir uma música ou apreciar uma obra de arte num museu, desde que a nossa atenção esteja de fato no momento. Demanda um tempinho – que pode ser de 5 minutos, 2 minutos, 30 segundos. Não importa. Ele pode representar um pequeno sabático cotidiano, em nada incompatível com o trabalho, como acredita o empresário João Paulo Pacifico.

À frente do Grupo Gaia, ele estabeleceu valores humanos fortes para orientar como seriam as operações e as relações entre os colaboradores. Seus três principais pilares são saúde, felicidade e propósito. No mercado financeiro, área conhecida por reduzir as pessoas a números (quanto elas custam e quanto podem render), os pilares podem causar estranheza à primeira vista. Para João, porém, faz todo sentido quando o objetivo é olhar para o ser humano e desenvolver compaixão.

No lugar da competição interna entre os funcionários, a colaboração e a demonstração da gratidão são incentivadas. Numa pesquisa interna, por exemplo, João descobriu que mais de 70% da equipe tinha o sonho de ir para a Disney. Desenvolveu uma missão coletiva com ações sociais (doação de sangue), captação de recursos para ONG e resolução de pendências. Caso a meta fosse atingida, todos iriam para a viagem. Caso não fosse atingida, ninguém iria. No início de 2019, todos partiram para uma semana de diversão nos parques.

Em uma empresa fora da curva, com momentos reservados para yoga e meditação no meio do expediente, pode ser mais propício cultivar emoções positivas e uma boa convivência. Mas é possível lidar com a montanha-russa do cotidiano de maneira mais consciente, independentemente do contexto.

Para João, apaixonado pelo estudo da ciência da felicidade, a capacidade de levantar depois dos tombos e o otimismo aprendido são boas ferramentas. Ele conta a história de dois personagens criados para uma dinâmica com crianças na ONG Gaia+. Os amigos Lipe de Boa e Zé Tá Ruim eram inseparáveis e sempre experimentavam as mesmas vivências.

Quando os dois foram mal na prova, Lipe de Boa pensou "Poxa. Mas ok, não tinha estudado" enquanto Zé Tá Ruim já partiu para um "Sou um burro, nada dá certo na minha vida". Na ocasião seguinte, quando ambos foram bem num teste, Lipe comemorou pois tinha se preparado e Zé achou que era sorte. Não é difícil supor qual deles circulava por aí com mais tranquilidade e segurança emocional, certo?

Fora da ficção, adotar uma postura propositiva inclui mais camadas de desafio, mas quando nos conhecemos melhor fica mais natural priorizar o que tem valor para nós. Para João, além do trabalho, estar com a família e ler são momentos importantes. Todas as teorias são colocadas na prática nesses momentos, como na lida com uma birra ocasional das filhas.

– Para manter a calma nessa hora, tem que ter treinado o resto do tempo. Não são os 20 minutos da meditação que valem, mas as outras mais de 23 horas do dia – divide João.

O treino é o que ajuda na solução de situações que parecem insolúveis. Sabe aqueles nós tão difíceis de desatar que dá vontade de nem olhar? Nathalia Arcuri, fundadora do Me Poupe!, utiliza da observação minuciosa como a de um meditador para atacar problemas que afligem a maior parte da população: os financeiros.

– Falar de ter uma vida financeira mais estável é falar de não ficar refém dos estados emocionais – diz Nathalia, ou Nath, como seus alunos preferem.

Para começar a lidar com as dificuldades e traçar um caminho de tranquilidade e sucesso, Nath sinaliza que é preciso se conhecer, tanto seus comportamentos benéficos quanto as pegadinhas que criamos para nós mesmos (e caímos). Um jeito diferente de abordar uma dificuldade financeira é estabelecer metas de maneira clara e encarar os problemas como parte do objetivo, algo a ser resolvido. Percebeu que tem um problema? Não foge!

Longe da ingenuidade de achar que tudo se resolve com uma planilha e algumas dicas práticas, ela dedica-se a estudar quais são as nossas travas, o que dificulta as mudanças de comportamento. Seu foco está na vida financeira, mas sua abordagem aponta como esse aspecto impacta nos índices de ansiedade, depressão, dores de cabeça e nas costas e várias outras dificuldades, até crises matrimoniais.

Acelerada e determinada a impactar o maior número de pessoas que puder, Nath até escapa de vez em quando para o interior nas montanhas onde o sinal de internet é ruim e as cachoeiras, boas. Mas entendeu que prefere estar ativa, executando seu turbilhão de ideias, com pequenas pausas. O foco, porém, nunca sai de cena.

Não dá para esperar o mundo decidir por nós. Calma não é paralisia, são coisas bem diferentes. É preciso calma para entrar em ação.

Nathalia Arcuri

Quando inaugurou um endereço da The School of Life em São Paulo em parceria com Jackie de Botton, Diana Gabanyi tinha em mente uma grande ação a ser realizada: expandir a proposta de Alain de Botton, escritor, fundador e CEO da The School of Life, para os falantes da língua portuguesa. Seu bem-vindo objetivo é ensinar o que as pessoas não aprendem nas universidades. Como alcançar o seu potencial de carreira? Como se relacionar melhor com a família? Como ter melhores conversas? O treino dessas habilidades pode nos aperfeiçoar como pessoas e melhorar nosso dia a dia.

– Autoconhecimento é capaz de mudar o mundo – fala Diana.

Essas transformações mais audaciosas acontecem, na prática, nas ações cotidianas. Quando foi a última vez que você teve uma conversa que realmente mudou a sua vida? Não aquele papinho do tempo, do trânsito, mas trocas profundas? Essa é uma pergunta para a qual Diana sempre retorna para não perder a missão do trabalho da escola: aumentar a quantidade de inteligência emocional em circulação no mundo.

Sem nos conhecermos profundamente, caímos no estresse e deixamos de entregar o nosso melhor ao próximo. Quando pensamos na dificuldade de comunicação dentro das empresas, ou entre todas as pessoas de modo geral, quantas vezes o conflito não se instala por um simples erro de interpretação? Eu falo, alguém não entende e parte para uma suposição. Alguém fala, eu não entendo, me esquivo de perguntar o que foi dito de verdade e crio uma "resposta" na minha cabeça. No fim, vira uma confusão, é desesperador. Para quem pratica observar a natureza das interações humanas, porém, toda a construção do quiprocó fica evidente. Daí é parar para ver como é possível agir para desfazê-lo.

– O que me ajuda a ser mais calma é sempre entender a visão geral das coisas: por que isso está acontecendo? – completa Diana.

A frase clássica do Sócrates que diz que a vida não examinada não vale a pena ser vivida fica sempre no seu pano de fundo. Esse exame vale para as grandes questões existenciais e para as nossas mínimas variações de humor. Com mais autoconhecimento, acredita Diana, podemos nos perceber melhor e comunicar para os outros o que está acontecendo, nem que seja para avisar que estamos de péssimo humor ou com sono. Se o caso for de fome, então, melhor deixar as conversas difíceis para depois.

Para muitos de nós, lidar com o momento de comer não é simples: vem carregado de medo e de culpa. Nutricionista especialista em comportamento alimentar e autora do blog Não Conto Calorias, Marina Nogueira fala de uma relação desgastada com a comida e um comer transtornado, quando não sabemos mais identificar se estamos com fome, com vontade de comer ou com alguma insegurança emocional.

Uma das estratégias para lidar com essa situação e desenvolver autonomia para escolher com tranquilidade o que comer é fazer um diário alimentar e anotar quais são os sentimentos envolvidos em cada momento. Como outras tarefas que repetimos todos os dias, a alimentação facilmente entra no campo do piloto automático. Comemos enquanto estamos no celular, vendo televisão, sem prestar atenção no que levamos à boca. Marina incentiva seus pacientes e leitores a ir para a cozinha, experimentar receitas, caprichar na apresentação das travessas para levar à mesa. Ela cita a prática de mindful eating, o comer com atenção plena. Antes mesmo dos exercícios formais da prática, os benefícios de estar atento aos pensamentos possibilita desfrutar de uma saciedade que vai além dos nutrientes, envolve a cultura, as relações interpessoais e o contato com a experiência do momento.

– As pessoas têm dificuldade de se permitir sentir prazer na comida, e isso não traz paz – conta Marina.

Mesmo que o objetivo da pessoa que procura a ajuda de um nutricionista seja emagrecer, é possível fazer isso mais focado no cuidado do que na chave do sofrimento. Acostumada a receber no consultório pessoas frustradas com a vida de dieta, a nutricionista Gabriela Ghedini começa tirando da frente as menções a metas e prazos que geram ansiedade. Inclusive a balança sai do protagonismo durante o acompanhamento. Para curar esse relacionamento com o próprio corpo, a primeira etapa é entender como está o estado interno do corpo do paciente e também a sua saúde mental.

– A balança só tira o prazer de querer se cuidar e tratar o comportamento e a mente – afirma Gabi.

Mesmo quem não é um profissional da saúde pode assumir uma postura mais aberta para descobrir como está consigo mesmo e como estão as pessoas à sua volta. Já pensou o que pode ser conviver com sintomas que não estão claros de onde vêm? Era assim que Lívia Teixeira se sentia antes de receber o diagnóstico da fibromialgia. Ela experimenta dores desde que se conhece por gente, mas achava que todo mundo estava passando por aquilo – só ela que não estava aguentando. Por um lado, descobriu no diagnóstico uma libertação, afinal, havia uma explicação para todas as sensações. Por outro, não sabia como lidar com a condição para a qual não há cura catalogada.

– Eu encaro a fibromialgia como um chamado para vida – diz Lívia.

Também foi assim que o cabeleireiro Marco Antonio de Biaggi encarou uma ruptura aterrorizante na sua trajetória de vida. O garoto humilde e cheio de sonhos que ele foi na infância se transformou numa referência na sua área, fez capas de revista, ganhou muito dinheiro e fama. De repente, descobriu um linfoma. Quando achou que estava curado, entrou no hospital com uma falta de ar, ficou 45 dias em coma e saiu de lá 6 meses depois, sem andar. Sua história de superação está presente no livro *A Beleza da Vida*, escrito por João Batista Jr, e também em todas as escolhas que ele faz no dia a dia.

– A vida inteira eu estava estressado, construindo sonhos materiais. Só que a vida, se você não para, ela para com você – assume Biaggi.

Da parada forçada e dedicação ao processo de recuperação posterior veio a vontade de apreciar mais a arte e a natureza e cuidar do corpo. Sem se preocupar em exibir uma forma física específica, ele hoje se exercita como forma de entrar em contato com a beleza do agora. Assim se sente inteiro, vivo e grato.

Especialista em cabelos, cosmetologia e produtos naturais, Cris Dios fez da busca pelo cuidado com o outro um caminho de contato com a essência do autocuidado.

– Você só consegue cuidar do outro quando cuida de você – lembra Cris.

Antes de atender qualquer pessoa, Cris faz um trabalho de meditação, respira profundamente e deixa da porta para fora o que estava ocupando a sua mente. É um preparo para se conectar com o que a pessoa na sua frente está falando, para ajudá-la a encontrar a sua beleza verdadeira, a que vem de dentro. Isso não significa replicar modinhas ou necessariamente transformar o cabelo por completo quando bate aquela vontade de mudar tudo. Será que a pessoa está preparada para olhar no espelho e ver uma pessoa diferente? Como ela vai conseguir encarar as outras pessoas? Levar em conta todas essas variantes, entregar carinho e ajudar alguém a se encontrar faz parte do propósito da Cris. Ela acredita que todos nós viemos fazer alguma coisa no mundo e podemos, independentemente de qual for a ação, trabalhar com entrega ao momento presente.

– Vai servir um café? Serve com propósito. Vai fazer uma massagem? Faça com propósito. Porque esse momento agora nunca mais vai acontecer de novo – propõe Cris.

Estar aqui é o que transforma a vida um do outro, é para isso que a gente veio. Entre os afazeres, acaba sendo comum perdermos essa conexão, mas podemos usar senhas para nos lembrarmos. Uma delas pode ser o momento do banho. Quando estamos cansados, dá vontade de tomar um banho, não dá? Parece que a água escorrendo quentinha ajuda a relaxar. Para Cris, esse pode ser um momento de conexão com a natureza, em que lavamos o cabelo com carinho, nos conectamos com o toque na nossa própria pele. Não precisa ser muito tempo (o meio ambiente agradece), mas pode ser um lembrete para o bem-estar. Caso a mente esteja muito agitada de pensamentos, um cheirinho bom pode nos acalmar e revigorar:

– O olfato é um dos nossos sentidos mais primitivos. Se você sentir um cheiro, pode se conectar com a sua avó e o cheirinho da casa dela.

Um aroma de salsinha fresca, recém-colhida da horta e picada na hora, me invadiu nesse momento, junto com a lembrança da minha avó materna. Dos biscoitinhos doces com raspas de limão veio a memória da minha avó paterna. Ambas não estão mais aqui, mas se fazem presentes em afeto através do perfume desses ingredientes.

Conscientes desse poder, compartilha Cris, podemos convidar o nosso nariz para nos ajudar a estar mais presentes. Ela pinga uma gotinha de óleo de argan com lavanda e capim-limão nas mãos, faz atrito entre as palmas e as leva até o nariz para inspirar e relaxar antes de uma reunião importante, por exemplo. Lembrar de sentir os perfumes é lembrar de se cuidar e acessar uma sensação de refúgio. Onde você está agora, qual é o perfume da casa?

Sempre que entra em alguma casa, o fotógrafo Lufe Gomes tem a mesma pergunta em mente para o anfitrião: onde está você por todos lados? Na estante, nos quadros, na cozinha, onde estão os traços de quem você é? Suas fotos captam detalhes dos cômodos, mas seu foco está mais em como as pessoas vivem em suas casas do que na decoração de onde elas moram.

– É sempre um olhar para enxergar o que os olhos não estão vendo – conta Lufe.

Buscar a vida por trás das coisas é um caminho de libertação da ideia de perfeição que criamos para nós mesmos e para tudo. Sabe aquela foto linda da revista de decoração? Lufe sabe qual é a bagunça que está escondida por trás da câmera. No caso de uma publicação, a ideia é oferecer uma inspiração, para que cada um possa se apropriar daquela referência. No nosso dia a dia, porém, qual é o sentido de pensar numa decoração "para as visitas" que não contemple o aconchego que você busca? Olhar para a nossa própria casa com olhar curioso nos revela muito sobre quem somos, sobre as histórias que contamos através do ambiente.

– Nós não temos tempo para rascunho. Podemos olhar para casa, e para a gente, e falar "eu vou cuidar de você" – conta o fotógrafo.

O cuidado com a casa em que a gente habita pode estar na arrumação, na vontade de fazer uma cama caprichada toda manhã só para você mesmo deitar nela de noite, ou ainda na tomada de novas decisões. Por que reservar aquela louça bonita só para ocasiões "especiais"? O que pode ser mais especial do que o agora? Mas há também o cuidado com a casa que habita dentro da gente, com esse universo interno e intangível que se reflete de muitas formas. Ser feliz, lembra Lufe, é a melhor decoração para casa, porque somos nós que estamos lá todos os dias. Por isso que sempre que acorda, ele busca sentir como está internamente e depois tomar um belo café da manhã, numa mesa posta com capricho, só para ele mesmo apreciar.

Atos como dormir e acordar, de tão repetitivos e cíclicos, muitas vezes passam despercebidos até que algo de muito fora da curva aconteça, como a insônia. Só a palavra – e a imagem de rolar de um lado para o outro na cama sem conseguir fechar os olhos – tira a paz de muitos de nós.

Foi para ajudar nessa hora que o ator e produtor Cauã Reymond gravou uma história para dormir para o aplicativo Calm. O texto *Deslumbramento*, de Chris Advansun, é narrado num tom de voz acolhedor, e num ritmo que vai diminuindo para dar tempo de o soninho chegar. Além do treino de acalmar a voz, Cauã fala da sua busca por observar mais a natureza e entender o que é espiritualidade e como ela está conectada ao cotidiano. Muitas das lições vem do livro *Autobiografia de um Iogue*, de Yogananda, que ele lê em voz alta. Para não enxugar gelo com a qualidade dos nossos estados mentais, o zelo com os rituais noturnos precisa ser seguido de boas escolhas de manhã.

– Tento não ligar o celular como a primeira ação da manhã – diz Cauã.

Eu tento também, muitas vezes. Aprendi a colocá-lo para recarregar longe da cabeceira, tentei usar um despertador portátil no lugar do alarme do celular, mas muitas vezes, quando me dou por mim, já estou com o aparelho na mão e, pior, checando mensagens ou redes sociais. O hábito não é simples de ser quebrado. Mas compreendendo qual é o hábito de pensamento que antecede a ação, ganhamos mais autonomia. No momento em que percebo que caí na armadilha e já estou com os olhos na tela, desligo e penso novamente: "Como eu quero começar o dia?". Quando isso acontece com Cauã, ele volta atrás e vai para um espaço da casa ler ou cuidar do jardim. Não deixa de ser uma forma meditativa de estar completamente presente.

Instrutora do Naam Yoga São Paulo, Giu Bergamo sugere fazer todo dia um ritual matinal que lhe inspira pelas manhãs.

Ao acordar, inale e agradeça pela respiração da vida. Você está

acordando para mais um dia e esse é o melhor dia.

Giu Bergamo

Giu chegou ao yoga depois de anos de dedicação ao balé e ao pilates. Ela já havia tentado muito meditar em silêncio. Tentava todos os dias, brigava consigo mesma, mas nada funcionava. No Naam, descobriu o poder dos sons e dos mantras, que passaram a guiá-la numa meditação ativa, com movimento, e tudo mudou. Com a repetição dos sons, passou a perceber que eles atingiam sua mente, traziam silêncio e calma, de forma que era possível alinhar os pensamentos. Com lucidez, suas ações se harmonizam para que a mente possa servi-la, e não ela ter que ficar servindo a mente. Sabe aquela coisa de querer algo para ontem? Respira. Esse é um ensinamento tanto dos mantras quanto das posturas e movimentos físicos do yoga. Ao abrir o coração, tanto na parte energética quanto na cardiorrespiratória, o objetivo é acessar essa força que temos dentro de nós e que muitas vezes passamos o dia sem movimentar.

– Yoga é para a alegria, para fazer sorrir. A gente abre caminhos quando sorri – fala Giu, sorrindo, claro.

Alegria é um dos elementos mais marcantes nas atividades conduzidas por Chel Anderaus no centro de treinamento físico da escola Coexiste. Educadora física, ela aprendeu na faculdade a cuidar do corpo. Foi com os estudos existenciais, porém, que entendeu que para cuidar do corpo é preciso cuidar da mente primeiro, entender a quantidade de pensamentos que passam na nossa cabeça.

Cuidar começa por entender que os movimentos que cada um de nós faz com o corpo não são exatamente iguais ao que outra pessoa faz. Isso porque os pensamentos são diferentes, e eles ficam expressos no nosso agir. Diante dessa constatação, podemos nos observar em alguma atividade para perceber como pensamos e depois disso responder com sinceridade: será que eu quero mudar o que eu penso? Essa é uma pergunta precisa para a meditação e para a mudança dos nossos condicionamentos.

Foi durante os treinos físicos conduzidos pela Chel que eu fiz algumas das maiores mudanças sobre o que eu pensava a respeito de mim, o que achava que era ou não possível. Alguns elementos práticos ajudam na atmosfera de concentração: não há música ambiente, os celulares ficam de fora da sala de prática, antes de cada treino em grupo há uma breve conversa para alinhamento de todas as pessoas presentes. A mudança de ideia ou de sensação, porém, é cada aluno que faz – cabe ao professor ajudar a construir a motivação e a confiança para a mudança.

– Liberdade é desistir de algo que você estava pensando e que você sabe que não era legal para você mesmo – ensina Chel.

A sensação de conforto mental que se atinge depois de se libertar de uma ideia fixa é contagiante! A partir dela, não existem mais movimentos certos ou errados, existem os movimentos que se apresentam de acordo com a estrutura mental de cada um – e quais são as maneiras mais efetivas de chegar até uma solução.

Quando bem orientados, os exercícios e as modalidades esportivas podem ser uma ferramenta para demonstração de que há outras maneiras de pensar, um outro jeito de transcender ideias condicionadas. A melhor parte? A sensação confortável atingida depois é contagiante.

– Imagina as pessoas presentes, se olhando, se entendendo e querendo achar soluções juntas. Quando você se acalma e se conecta, você soluciona qualquer coisa – acredita Chel.

Podemos buscar a prática formal da meditação em diferentes linhas e desfrutar dos seus benefícios. Podemos mudar o nosso nível de atenção a todas as atividades desempenhadas durante o dia e a noite, conferir sempre o que estamos sentindo, não nos agarrar ao que não nos faz bem e manter a pureza das nossas intenções bondosas em todos os nossos relacionamentos e ações. Podemos, por fim, questionar nossos próprios filtros e nos abrir para ideias novas, como você está fazendo agora com cada frase lida com calma. Isso é meditar – e que bom que estamos fazendo isso juntos.

SENTIR PROFUNDO

Eu sinto muito.

Não é curioso que o uso mais corrente dessa frase seja no momento de um pedido de desculpas? Ela cabe quando estamos consternados com o sofrimento de alguém na nossa frente, mas também nessa hora costuma carregar alguma culpa por não sabermos muito bem o que dizer ou fazer. Em um intervalo de tempo curto, experimentamos diversos sentimentos, mas muitas vezes lidamos com eles como se fossem a batata quente do jogo de criança: passamos logo adiante, de maneira intempestiva, ou reprimimos, fingimos que não estão aqui.

Por trás dessa forma com que tratamos o que sentimos, percebo um outro sentimento (sim, eles estão por todos os lados): o da inadequação. Parece que não era para ser dessa forma, que o "adequado" seria não sentirmos tantas coisas, melhor apenas racionalizar os processos e resolver tudo na cabeça. Eu já pensei assim. Mas tive zero sucesso na experiência de tentar não sentir. É como pedir para alguém não imaginar uma girafa de perna de pau numa corrida de obstáculos: pronto, ela já está saltando na nossa mente.

Todo o esforço feito em suprimir sensações ganhava o efeito rebote de intensificá-las. Um outro exercício, por outro lado, passou a me guiar por meio dos sentimentos para um lugar mais calmo. Continuo não gostando de sentir raiva, ciúmes, inveja, tédio e até euforia – dando nome para cada um deles, reconhecendo sua presença e investigando seus porquês e demandas, aprendi a achar descanso no próprio sentir.

Psicóloga e criadora do Portal Despertar, Flavia Melissa tornou-se educadora emocional por compreender que a nossa falta de conhecimento das próprias emoções nos levava a polarizações. Na medicina chinesa, que ela estudou no período em que morou na China, descobriu que a alegria está associada ao verão. Ao hiper valorizarmos a alegria, é como se quiséssemos viver num verão eterno sob sol escaldante a maior parte do tempo – em outras palavras, num deserto onde nada vinga.

– A gente precisa aprender a honrar as nossas emoções, todas elas – instiga Melissa.

Na natureza, ela encontra paralelos de como podemos fazer isso sem nos apegar a estados que nos drenam. Como as estações do ano, que se transformam gradativamente uma na outra, assim as nossas emoções podem também se transformar. Numa cidade grande como São Paulo, é fácil sentir-se desconectado da natureza, quase indiferente ao passar dos ciclos. Mesmo numa situação assim, Flavia conta que é possível procurar uma janela para observar o céu e as nuvens. A janela também é uma metáfora para olhar de fora os nossos pensamentos e aflições: subir num banquinho para enxergar a situação de cima. Isso é educação emocional.

Nosso sofrimento vem muitas vezes de estarmos vivendo dentro dos nossos pensamentos. Confinados na nossa cabeça, esquecemos que somos como todos os outros animais: estamos em relação com o nosso meio e podemos interagir de maneira mais leve com os desafios. Para aprender confiança, por exemplo, Flavia nos convida a olhar para um passarinho. Ele pousa num galho não porque tem certeza que ele não irá quebrar, mas por saber que poderá voar caso algo aconteça. Depois de construir e usar um ninho, ele não o carrega nas costas para outro endereço. Caso venha a precisar de um novo ninho, confia que os elementos necessários estarão disponíveis.

Nos momentos em que se sentiu mais equilibrada, Flavia conta que estava mais próxima desse viver natural e dos sinais do seu próprio corpo. Mas o processo de despertar parte da autoaceitação da nossa inteireza, inclusive dos episódios que gostaríamos que não tivessem acontecido. Depois do nascimento do segundo filho, ela enfrentou uma depressão pós-parto. Mesmo com todo seu conhecimento e bagagem de trabalho com desenvolvimento humano, se pegou evitando o diagnóstico e o tratamento. Teve que ouvir no consultório do psiquiatra que a autoexigência em dar conta da situação só com as ferramentas que tinha colocava em risco a sua saúde – foi preciso ajuda para agir.

Ao jogar luz onde antes estava escuro, Flavia sentiu que estava se libertando de amarras e desabrochando. O processo doeu, mas ela foi lidando da melhor forma possível para que a dor não se transformasse em sofrimento. Ao se permitir voltar a brilhar, entendeu que não existia nada mais inspirador ou transformador para o mundo do que ser quem se é, sem máscaras ou carapaças.

Quando vestimos uma armadura, nos protegemos das porradas da vida, mas dos carinhos também.

Flavia Melissa

Mestranda em filosofia, pesquisadora e criadora do portal Yoni das Pretas, Caroline Amanda sentiu-se sempre muito cuidada e acarinhada pela família. Na entrada da vida adulta, porém, começou a observar que não era assim com todos. Sua trajetória de inquietação com as desigualdades sociais e questões de segurança pública no Rio de Janeiro, onde fez faculdade, a levaram a um processo de adoecimento. Na formação como terapeuta menstrual, passou a resgatar conhecimentos ancestrais e desenvolver um novo olhar para a ciclicidade da vida.

Ela propõe uma visão diferente de progresso. Você já notou que corremos atrás de muitas coisas nos nossos dias? O objetivo que deveria ser fonte de brilho nos olhos, porém, em muitos casos vira um esforço doloroso. Buscamos visibilidade e sucesso quase sempre de uma perspectiva linear, de que algo novo virá para destituir o antigo, a tradição, mas essa não é a única maneira. Caroline quer nos lembrar de recuperar o prazer na existência. Essa é uma forma de acesso ao poder, de encontrar uma nova forma de viver pessoal e coletivamente.

– Exercer o tesão de viver é a forma íntima e espiritual mais profunda que acesso para honrar todas aquelas que não puderam perceber em si toda beleza que tinham – conta Caroline.

Diante de padrões, discriminações e opressões atravessadas, Caroline, como mulher negra, exerce seu tesão de viver apreciando a pele em que habita. Para ela, o tesão de viver está, por exemplo, em olhar para seus lábios grossos e achá-los incríveis, porque são eles que lhe proporcionam sorrir largamente e beijar demoradamente. Sentir tesão de viver é uma forma de partilhar luz, alegria e satisfação.

Mas e quando o que sentimos é tristeza? Diretora pedagógica apaixonada pela pedagogia Montessori, Vivian Mozas percebe nossa dificuldade em expressar essa emoção.

– Crescemos numa sociedade em que chorar é feio, não é legal colocar seu sentimento para fora – constata Vivian.

Dentro de um ambiente escolar mais atento às emoções, quando a criança é acolhida num ambiente seguro, onde tudo bem chorar, por exemplo, Vivian indica que inclusive a resolução do desconforto é mais natural. Ela conta que muitos pais, ao matricularem seus filhos no colégio, afirmam que gostariam que seus filhos não chorassem nesse processo – mas é impossível garantir que isso não aconteça. Diante do choro, a ideia é entender o motivo da criança e garantir que ela saiba que não estará sozinha nesse processo. Daí passa. Com o tempo, crianças mais velhas que já passaram pela fase de adaptação recebem os mais novos e garantem que "a mamãe já volta", eles podem ficar tranquilos. São os próprios alunos replicando a graça, a cortesia e o acolhimento que receberam.

O mesmo acolhimento que buscamos oferecer para as crianças pode ser a chave conosco. Instrutora de mindfulness à frente da plataforma Flow of Life, Dani Wang brinca que precisamos abandonar o chicotinho que usamos para nos culpar toda vez que julgamos sentir algo errado. Julgar a si mesmo ou a situação presente, ela explica, é dar pano para manga para o apego ou a rejeição, o que só torna mais moroso o processo de intencionalmente ficar mais presente. Independentemente do que esteja acontecendo, o passo mais importante é o reconhecimento.

No momento em que passamos a perceber conscientemente o que estava inconsciente, podemos perceber nossa mente tagarela, um acesso de raiva, uma crise de tristeza, não importa. Sem julgamentos ou expectativas, reconhecemos que é assim que estamos agora.

– O intelecto foi sobrevalorizado, acima do próprio sentir e ser – afirma Dani.

Quando reconheço como estou me sentindo, posso aceitar e acolher esses estados passageiros. Ajuda pensar que todo mundo passa por momentos de altos e baixos, não somos os únicos. Para Dani, a metáfora do lago é a mais apropriada para ilustrar nossos estados emocionais. Somos como um lago: na superfície, os ventos, as nuvens e turbulências podem remexer as águas. Ao mergulhar profundamente, porém, os movimentos se suavizam até um estado de mais tranquilidade e paz de espírito.

Para fazer esse mergulho, a terapeuta integrativa Mariana Nahas lembra a importância de não fazer nada, mesmo que seja só por alguns instantes. Numa cultura que valoriza as pessoas produtivas, que estão sempre em movimento e são "fazedoras", parar um pouquinho tem um potencial transformador.

– A vida não é para ser pesada. A não permissão da pausa está totalmente desalinhada com a natureza da existência – expõe Mariana.

A necessidade desse espaço de escuta interna veio depois de encarar o vazio de ter buscado conquistas materiais e profissionais e não ter encontrado ali nenhuma satisfação verdadeira. A empresária Danielle Noce e seu sócio e marido Paulo Cuenca, especialista em marketing de conteúdo, sentiram algo parecido. Com Dani na frente das câmeras e Paulo nos bastidores, eles eram autores de um dos canais de confeitaria de maior sucesso na internet. A soma de ansiedade generalizada, insatisfação e burnout funcionou como uma gota d'água que chega para transbordar o pote e mudar tudo. Eles decidiram alterar o rumo profissional e pessoal de suas vidas, ainda que isso significasse frustrar expectativas do público ou projeções que eles mesmos haviam feito sobre o futuro. Se continuar significava sentir infelicidade, o preço era alto demais.

– A felicidade não está na roupa, no evento, na viagem. A felicidade está em você estar em conexão com você, com quem você ama, com o que importa – afirma o casal.

No caso de Dani e Paulo, os novos ares trouxeram novas carreiras: ela com moda e ele com cursos online. Já para Mariana Nahas, a transformação tomou a forma de um insight:

ela estava recebendo muito do universo mas não estava feliz. Pensou então que talvez, só talvez, ela devesse começar a dar algo em troca, fazer algo pela vida.

Foi no trabalho voluntário na Apae que Mariana passou a enxergar o mundo através de outras lentes. O peso que sentia nas costas foi aos poucos dando lugar a uma sensação de leveza e brilho por trás de todas as coisas. A busca por conhecimento a levou para a faculdade de psicologia e muitos outros estudos sobre desenvolvimento humano, expansão da consciência e espiritualidade. Nesse caminho, ela entendeu que se desidentificar dos seus pensamentos era o caminho para atingir uma felicidade que não fosse efêmera como a chama de um palito de fósforo.

– Sou apaixonada por esse universo intangível que é o universo do sentir – divide Mariana.

Compartilho dessa mesma paixão – mas muitas vezes não sei como acessar o que eu mesma estou sentindo. Tento pensar a respeito do que eu sinto, mas nem sempre essa via de acesso funciona (a confusão de sensações se soma à bagunça de ideias). Muitas vezes falo sobre o que estou sentindo – e isso ajuda. De alguma forma, a voz acaba clareando os sentidos. Mas há momentos de angústia em que conversar não parece uma possibilidade. Nessas horas, a escritora Maki De Mingo lembra de uma ferramenta poderosa: a escrita.

– Sempre vi nas palavras escritas um jeito de me expressar e de colocar para fora o que sentia, o que era muito difícil de ser feito falando – conta Maki.

Quando pressente que pode explodir se não contar suas sensações, ela pega a caneta e começa a desabafar. No exercício, encontra clareza mental e entendimento de si mesma. No papel, até os assuntos mais delicados ficam menos assustadores.

Maki gosta muito do formato do diário: todas as manhãs (ou sempre que dá), escreve suas páginas matinais, três páginas sobre tudo o que está sentindo e pensando. Nem todos os textos, porém, ficam na esfera privada. Ela começou a entender que escrever e publicar poderia trazer alívio ao coração de quem lê e passa a saber que não está sozinho.

Antes de lançar de forma independente o e-book *Palavras de Presente – 5 Maneiras de Usar a Escrita para Cuidar de Você*, ela sentiu muito medo. Pensava se alguém iria querer ler o que ela escrevia - aflição que entendo perfeitamente e me ocorreu em diversos momentos na criação deste livro. Quando percebeu que poderia ficar paralisada pelo medo, Maki se lembrou de um exercício do livro *Grande Magia*, de Elizabeth Gilbert. Ela sugere que você escreva uma carta para o seu medo. Foi o que ela fez, e teve um efeito catártico.

– Eu me lembrei que alguém poderia naquela hora estar sentindo um medo semelhante, então segui em frente. Não quero ter medo do meu próprio medo - conta a escritora.

Se o medo pode se transformar em coragem, outras emoções também podem ganhar novos significados. Foi para transformar a dor em amor que Fernanda Figueiredo, ao lado de outras companheiras que haviam experimentado a dor da perda, ajudou a fundar a plataforma digital Vamos falar sobre o luto?.

– Quando você está de luto, está no seu momento mais exposto. Mas é justamente quando expressa o melhor do amor, por não ter armadura - fala Fernanda.

Ela já leu mais de 3.000 e-mails de pessoas que compartilharam seus depoimentos sobre o contato com a morte e observou como era possível colocar mais carinho na saudade. Da vontade de entregar declarações de afeto para quem delicadamente abria o seu coração nasceu sua marca Ecoar Amor. Se temos tanto carinho para dividir, por que esperamos tantas vezes os rituais de despedida para compartilharmos o quanto gostamos de alguém? Quantas vezes nutrimos sentimentos tão bonitos mas os mantemos em segredo, por assumir ser inadequado ou desnecessário expor o que sentimos?

– As pessoas têm um potencial muito bonito de amar, mas expressam menos do que poderiam. Temos vergonha de falar sobre os sentimentos, mas acontece uma mágica quando conseguimos falar – percebe Fernanda.

Falar é bom – mas nem sempre é fácil. Quem já não teve a sensação de estar numa conversa e não ser plenamente compreendido? Ao mesmo tempo, quem nunca parou de escutar seu interlocutor só porque estava focado em provar seu próprio ponto numa conversa? Foi para ajudar a gerar entendimento em enrascadas como essas que a comunicação não violenta, ou CNV, foi estruturada. Carolina Cassiano, à frente do projeto "Diálogos Corajosos" junto de Sven Fröhlich, dedica-se a propiciar encontros nos quais o sentir ganhe seu devido espaço.

– Coragem é agir com o coração. Precisamos descobrir como conversar colocando o coração na roda – diz Carolina.

Violência não necessariamente é falar em determinado volume, por exemplo. Uma primeira violência pode estar acontecendo dentro de nós, quando não reconhecemos o que estamos sentindo e fingimos que as emoções não existem. A violência pode ser também com o outro, quando nos armamos de argumentos ou ofensas para atingir alguém. Na concepção de Marshall Rosenberg, psicólogo que desenvolveu o método da CNV, toda violência é a expressão trágica de uma necessidade não atendida. Para reconhecer o que está latente, Carol reforça a importância de pausar e identificar o que está na mesa em cada situação.

Estamos acostumados a achar que tudo que o outro fala é sobre nós, mas na verdade a fala está contando como a própria pessoa se sente consigo mesmo. Quando reclamo da postura de um amigo comigo, por exemplo, independente do que o outro tenha feito ou não, estou expondo a maneira como eu reajo. No fim, o desafio é justamente ultrapassar a dimensão das interpretações.

Facilitadora de diálogos que vão além dos embates pessoais e trazem cura, Tania Mujica tem investigado os movimentos de resistir, insistir e deixar fluir.

– As coisas se comportam do jeito que você acredita que elas são – expõe Tania.

Ela percebeu que suas sensações guiavam a abordagem de todos os acontecimentos cotidianos. Se ela se via como uma guerreira, tudo que a vida trazia eram batalhas. Se passava a se ver como uma bailarina, conseguia dançar ao som das músicas que o universo colocava para tocar. O caminho de menos esforço e mais fluidez mudou até a forma como Tania conduz palestras e grupos, cada vez deixando mais de lado as falas performáticas e ensaiadas e buscando a conexão profunda.

A psicóloga Tais Masi trabalha como terapeuta familiar para ajudar adultos e crianças de uma família a encontrar esse lugar de conexão. Com o distanciamento social e a reunião das pessoas dentro de suas próprias casas, ela identificou que entramos em uma experiência similar a de uma panela de pressão, como se tivéssemos condensado informações e sensações dentro de um espaço. E com fogo alto! A válvula de escape para que essa panela não exploda é a expressão, a possibilidade de falarmos o que estamos sentindo.

Seguindo na metáfora culinária, para que essa expressão se dê da maneira mais harmônica, é preciso que ela esteja mergulhada em afeto: ele é a água da panela de pressão que previne que os alimentos queimem. Quando um meio de expressar carinho não é possível, podemos buscar outro. Ela cita cinco linguagens do amor descritas por Gary Chapman: a do toque físico, dos atos de servir, das palavras de afirmação, dos presentes (que podem ser singelos como uma florzinha encontrada no meio do caminho de volta para casa) e do tempo de qualidade. Mais poliglotas nessas linguagens, podemos partilhar nosso tempo entre o que chamamos de prático e sensível.

Nossa rotina tem o tempo funcional, de pagar boleto, mas tem também o tempo poético, do olho no olho.

Tais Masi

Encontrar esse equilíbrio quando tudo dá certo já é um desafio, quando tudo dá errado, então... Pois é justamente nesses momentos em que as coisas não saem como o esperado que Heloísa Capelas aprendeu a achar uma brecha para lembrar que podemos escolher pelo caminho do amor. Referência do Processo Hoffman no Brasil, ela trabalha pelo desenvolvimento do equilíbrio emocional e do perdão.

Heloísa nos conduz a olhar para as nossas vulnerabilidades que vêm da infância e também para as adversidades, os momentos de rejeição ou traição, e reconhecer que todos os envolvidos fizeram o melhor que podiam. Podemos respirar fundo, prestar atenção em nós mesmos e ficar de cara com os nossos sentimentos. Assusta? Talvez. Mas ela nos lembra da nossa humanidade compartilhada.

– Todo mundo sente a mesma coisa, relaxa. Somos iguais na dor, mas também na nossa capacidade de amar – reforça Heloísa.

Você já sentiu estar numa espécie de gangorra de sensações? Ora no 8, ora no 80? Esses são os extremos emocionais, conta Isabella Ianelli, uma das criadoras do programa "O Curso das Emoções". Dá para falar desses extremos de um jeito risível, que as novelas, por exemplo, adoram utilizar. É como aquela cena da mulher que descobre uma traição, entra no quarto e quebra todos os perfumes da penteadeira, numa expressão intensa da sua emoção. No lado oposto, tem aquela figura que está sempre com cara de paisagem, até parece calmo, não demonstra o que sente, mas na verdade está suprimindo tudo. São clichês, mas que são replicados na prática.

– Esse é o jeito que a gente anda na vida porque não colecionou muitos recursos para lidar com as emoções. – diz Isabella.

Na minha ausência de recursos, por muito tempo me coloquei no papel de "engolidora" de sapos. Não importava o que acontecesse na minha frente, eu iria ficar quieta, porque isso é o que eu julgava certo. Isabella também tinha essa tendência de suprimir o que sentia. Tanto na formação em pedagogia quanto na pós-graduação em arte-educação, ela nunca tinha ouvido falar que tinha um jeito de lidar com as emoções – mas esse outro jeito existia.

Tudo mudou quando foi aluna, e depois decidiu formar-se professora, do Cultivating Emotional Balance, ou cultivando equilíbrio emocional. Durante uma conferência entre cientistas e monges, diante do reconhecimento de que sofremos com emoções perturbadoras, o próprio Dalai Lama pediu que fosse desenvolvido um programa que contemplasse tanto o embasamento científico quanto as descobertas empíricas de quem observa a própria mente para ajudar as pessoas a lidar com o que sentiam. A estruturação ficou a cargo do psicólogo Paul Ekman e de Alan Wallace, meditador de longa data.

Dedicada a essa investigação das emoções, Isabella descobriu que, entre a expressão, aqui no sentido extremo, e a supressão, dá para praticar se conectar, nomear as emoções, percebê-las no corpo: tudo isso são recursos úteis que podem ser usados em diferentes momentos. Em contato com a raridade que é a vida humana, podemos nos perguntar que tipo de relação queremos construir e como queremos agir. As respostas são importantes para a escolha do caminho de mais bondade consigo e com os outros.

As emoções são como um rio, têm seu curso. E passam. Não precisamos nos deixar levar pelo momento de medo, de raiva, de ciúme.

Isabella Ianelli

Isabella fala sobre o aspecto do treino, destacado pelo cientista, escritor e monge budista francês Matthieu Ricard. Se temos constantes acessos de raiva no trabalho, gritamos com nossos companheiros ou filhos, estamos treinando o acesso a raiva e isso vira um lugar fácil. Da mesma forma, podemos treinar a gentileza e a paciência; é uma prática para ser feita todos os dias.

Para ter vontade de tentar, independentemente de conseguir ou não de primeira, cercar-se de outras pessoas que estão com essa mesma vontade de olhar para as emoções é de grande ajuda. Quando olhamos para nós mesmos e entramos em contato com tudo o que sentimos, de bonito e de feio, nos abastecemos de mais generosidade para olhar para os outros.

Eu sinto muito – e percebo que você sente muito também, sente tudo. Todos estamos nesse mesmo caminho e, juntos, podemos aprender a entender os sinais providenciais que as emoções nos trazem.

FAZER ARTE

O burburinho da entrada, a letra da sua fileira, o número do assento, as cortinas fechadas, o primeiro sinal, o segundo, o terceiro, o silêncio, as cortinas abertas. Não importa quantas vezes eu já tenha ido ao teatro, esse ritual não cansa de me arrebatar. Assistir uma peça é se permitir por um período soltar o celular e os pensamentos para entrar no universo do sentir de uma outra forma: é o sentimento do outro, do ator, interpretando o sentimento de um outro ainda, o personagem, mas que de repente é o nosso sentimento também.

A mesma experiência de encantamento está numa série ou documentário que assistimos no fim do dia e, quando menos percebemos, somos levados para um universo diferente. Uma música envolvente, um quadro, uma carta ou um livro, todos compartilham desse potencial que extrapola (e muito) o escapismo. A arte pode nos tirar do piloto automático e nos devolver o senso de fruição que uma experiência compartilhada guarda. Seguir um caminho artístico é uma forma de seguir o caminho do autoconhecimento – só que depende de entrega.

Por quase uma década, a atriz Denise Fraga entregou-se ao quadro *Retrato Falado*, que trazia histórias fantásticas, mas reais, de pessoas comuns. Os sotaques e os trejeitos divertidos que ela fazia estavam na minha cabeça ao me preparar para assistir no fim de 2019 seu monólogo *Eu de Você*, resultado de uma dramaturgia coletiva finalizada por ela, Rafael Gomes e pelo diretor Luiz Villaça, seu marido. A sinopse, que destacava que o solo havia nascido de entrevistas, cartas e depoimentos de pessoas de diversos cantos, parecia indicar que encontraria mais daquilo que tanto gostava. Mas uma grande artista, como a vida, gosta de nos pegar desprevenidos.

A surpresa começava na entrada da sala de espetáculos: lá estava Denise, cumprimentando amigos e desconhecidos com a mesma gentileza. Não havia sinais pré-combinados do jogo teatral. Será que já tinha começado o texto? Era a Denise ou era um personagem interagindo ali na plateia? Quando ela subia para o palco, ficava claro: fossem histórias suas ou de outras pessoas, Denise se deixaria atingir por todas. Não alterava sua própria voz ou trabalhava uma caracterização marcada para cada história. Era ela e era o outro ao mesmo tempo, ela do outro, o outro dela.

– A arte dá esse olhar de fora da vida, como se você conseguisse através da arte se reconhecer ali, onde está Wally no meio da multidão – afirma Denise.

Uma das personagens ficou gravada na memória, impossível de esquecer. Em cena, Tânia acordava cedo e logo entrava no ritmo acelerado de cada dia: deixava os filhos no colégio, pegava trânsito, respondia mensagens no celular quando o farol fechava, acumulava funções no trabalho e ainda tentava sorrir. Não havia nada ali de tranquilizante, exceto uma coisa: se a Denise podia falar da Tânia, que era tão parecida com a Helena, estávamos todas na mesma roda. Outras passagens emocionantes, como a cantoria que despertava o brilho nos olhos de uma senhora com a memória comprometida, traziam calor no coração, uma espécie de esperança de que a beleza pudesse sempre prevalecer.

Uma das funções da arte é dar vontade de viver.

Denise Fraga

Acessar essa vivacidade não é privilégio dos artistas profissionais, a sensibilidade não depende de talento ou dom. Denise sugere uma experiência para um jantar com amigos, ainda que ninguém do grupo seja ator. Ao redor da mesa, ela indica abrir um bom vinho e ler um texto teatral. A oportunidade de tentar passar pela vivência que está ali descrita, acessar o sentimento do outro, é capaz de ampliar grandemente a percepção para além das opiniões, rumo a compreensão do fazer e do sentir de outras pessoas.

Acessar a vontade de viver, conta Denise, não tem a ver com a expectativa de um final feliz ou não. São as histórias, que nos atravessam sem as limitações dos nossos próprios egos, que podem aumentar a compreensão do nosso papel no mundo. É mais do que achar os pontos comuns ou "negociar" uma convivência entre as diferenças, é achar a complementaridade: o que você tem que eu não tenho, o que eu tenho que pode somar para você. Essa complementaridade pode vir também das nossas narrativas combinadas às narrativas dos poetas, dos textos clássicos, dos grandes autores.

– Quando você vive acompanhado da arte, pelo menos tem a chance de compreender melhor a imperfeição humana – afirma Denise.

Não é que a arte possa livrar alguém do sofrimento, mas pode proporcionar o entendimento que aquela sensação experimentada é igual àquela descrita no conto da Clarice ou cantada na música do Chico. Na companhia dos poetas, os dramas comuns ganham novos contornos e camadas de complexidade.

Também à frente de um monólogo, a atriz Clarice Niskier mergulha em questões existenciais profundas em *A Alma Imoral*, adaptação do livro do rabino Nilton Bonder. O que é o "certo" a ser feito? E o "bom"? Ao que obedecemos quando somos transgressores? As possibilidades de reflexão que partiam do texto de um religioso encantaram Clarice – e também o público que, desde 2006, quando a peça estreou, marca presença em todas as temporadas.

Seu contato com Nilton Bonder teve início num programa de televisão em que ambos estavam presentes. A apresentadora perguntou a Clarice qual era sua religião, ela respondeu que tinha ascendência judaica, mas que o teatro a havia aproximado do budismo, então era judia-budista. No intervalo do programa, um fax (sim, faz tempo) chegou assinado por Dona Léa, que dizia que não existia judia-budista. Diante da afirmação dogmática, o rabino deu outra dimensão à questão ao falar que o budismo poderia, sim, ajudar a compreender melhor o judaísmo – e presenteou Clarice com um exemplar de *A Alma Imoral*.

No mergulho apaixonado na obra, Clarice descobriu muita poesia na cabala, o sistema filosófico-religioso judaico que está por trás do espetáculo. Na contramão da busca por regras, comportamentos fixos e padronizados, ela encontrou movimentos dinâmicos, sem uma mecânica que se repetisse.

– É muito difícil compreender que o entendimento é um processo aberto – percebe Clarice.

Ainda que o espetáculo estivesse em cartaz há anos em São Paulo, foi só na véspera da gravação da nossa conversa que finalmente pude assisti-lo. A imagem de Clarice nua em boa parte da montagem, envolta em tecidos pretos, cria uma camada de entendimento dúbia: é ao mesmo tempo natural e disruptivo vê-la assim. É uma brincadeira com os conceitos de oculto e aparente que se cruzam no texto e são emendados com questões sobre sabedoria, tolice, pecado, traição, desejo.

A vontade de ouvir tudo o que Clarice diz com uma mente analítica é grande (acaba sendo inclusive uma forma de proteção contra o enfrentamento de nossas próprias incoerências). Logo no início, porém, ela pede que a escuta não seja feita com o raciocínio nem com a ponderação, mas apenas nos deixando levar. Para isso, é preciso tempo e paciência conosco e com os outros. No dia da gravação do podcast, porém, houve um imprevisto: um atraso no estúdio fez com que o tempo que teríamos para a gravação fosse cortado pela metade. Ao compartilhar a angústia de sempre querer mais minutos, ouvi de Clarice:

– O tempo vai ser sempre nosso paradoxo. No teatro, esse é o exercício de encontrar calma na urgência.

Justo o atraso antecedeu o ensinamento sobre trocar o "querer mais tempo" por mudar a forma de encarar o tempo. Pode ter sido uma coincidência – mas a cantora e atriz Thalma de Freitas prefere nesses casos falar em serendipidade: quando o acaso nos encontra preparado. A serendipidade não vem de uma distração, mas de um ato falho no momento de uma busca que revela uma saída inesperada. Ela fala da descoberta da penicilina, que só aconteceu por um "acaso" de um material de estudo deixado fora da refrigeração ter desenvolvido um fungo. A mesma abertura para captar indicações de novos caminhos vale também para outros aspectos da vida, não só as descobertas científicas. Para isso, é preciso estar disponível para dançar com o universo.

– Não tenho expectativas. Eu me preparo porque eu sei que o universo está tramando alguma coisa a meu favor – diz Thalma, com confiança.

A busca por estar mais conectada consigo mesma seguiu até diante de episódios muito difíceis, como uma depressão pós-parto. Foi em cima do palco, encarando suas vulnerabilidades e se deixando ser vista, que ela voltou a se encontrar. Para Thalma, o palco não é um lugar seguro, mas é onde é possível falar verdades e ser quem se é, com fé e bravura. Mesmo em situações de inegável realização profissional, como na época da gravação da novela O *Clone*, ela fala que teve que lidar com a sensação de síndrome de impostora, com uma vozinha que ficava lhe dizendo "uma hora vão descobrir que eu sou uma farsa". Diante do espelho, no camarim, teve um ímpeto de se dar um chacoalhão, olhar para si mesma nos olhos e lembrar de tudo que ela já tinha conquistado.

Passar desse estágio de arrebentação da mente, quando os pensamentos e a autocrítica estão em volume estridente, e firmar-se na sua própria base demanda um processo de desenvolvimento da confiança. Foi o que a cantora e compositora Mariana Nolasco precisou buscar para enxergar um lapso de luz por trás de todas as dores e os mal-entendidos que acompanharam o fim de um relacionamento.

– Ficamos esperando que as pessoas acreditem em nós. Precisei resgatar esse acreditar em mim – compartilha Mariana.

À época do lançamento do seu EP *Um Só*, Mariana falou numa carta escrita à mão das transformações e aprendizados que acontecem no amor. Adotar uma postura mais amorosa começou no reconhecimento dos seus estados de desconforto e infelicidade. Negar as sensações acabava sendo uma forma de procrastinação, de deixar para depois as decisões necessárias. Era preciso atravessar a turbulência para encontrar, a seu tempo, o conforto da mudança:

– A palavra que mais tem me vindo é paciência, com a gente e com as pessoas ao redor que também estão passando por transformações.

Transformar esses processos internos em músicas virou um movimento de cura, de entender melhor o que estava acontecendo. A busca por fechar um ciclo com compaixão exigiu que ela encontrasse um lugar sereno dentro de si. Tanto a introspecção quanto o relacionamento foram ferramentas.

Mas para aprender a confiar em si, havia algo que só ela poderia fazer: trocar a raiva e a dureza consigo mesma pela leveza. Se não é possível mudar o que está acontecendo, é possível mudar a percepção sobre os acontecimentos.

Um ato simples como fechar os olhos pode ser um exercício para essa virada de chave. A psicóloga Gabriela Pistelli, uma das fundadoras do Ateliê no Escuro, descobriu um escuro terapêutico, uma oportunidade de estar presente para olhar para dentro, quando nos colocamos de olhos vendados. Seja em jantares, eventos presenciais ou online, a proposta é ficar de cara com o "tilt" inicial que o cérebro sente ao ser privado de um dos sentidos, e depois com as muitas possibilidades de aguçar outras percepções que se abrem.

– Temos uma cultura do medo do escuro, que no fim é o medo do desconhecido – diz Gabriela.

Esse medo está na base da nossa forma de lidar com o tempo. É assim que enxerga Camila Pedrassoli, idealizadora do Festival Camomila de cultura e autoconhecimento. Ela diz que nós somos o ratinho dentro da rodinha. Com as práticas de respiração, centramento, meditação e autoconhecimento, ganhamos um botão de pausar a roda. Daí podemos descer e olhar para essa engrenagem para decidir se é isso mesmo que queremos para o resto da vida, rodar sem parar. Colocado dessa forma, parece fácil optar por sair do ciclo vicioso. Quando a Camila traz um exemplo prático de onde travamos na aplicação da teoria, porém, a situação muda de figura.

– O simples está próximo, é uma questão de decisão diária. Eu decido hoje levantar e não sair que nem uma louca sentando ainda de pijama no computador – afirma Camila.

De pijama e na madrugada, enquanto escrevo essas linhas, um primeiro pensamento bastante severo comigo mesma me ocorre: como estou cuidando dos meus horários? Percebo mudanças a serem feitas, uma necessidade de ir com mais calma, mesmo. Mas há sensações que apaziguam a inquietação e lembram da possibilidade de ser mais paciente comigo. Realizar um desafio diferente, aceitar meu próprio relógio (que gosta da noite mais quieta na cidade) e adquirir clareza do que é prioritário são grandes feitos.

Fazer as pazes com esses ciclos e momentos passa por rir mais de si mesmo. E poucas pessoas fazem isso com tanta graça quanto Nic e Chris, as criadoras do perfil Insta do Shivão. Uma pessoa zen vive à prova de estresse o tempo todo, por exemplo? Quem acompanha as suas tirinhas sabe que não é bem assim.

– Queríamos desmistificar essa ideia de que quem pratica yoga nunca vai xingar ou sair para tomar um copo de vinho com os amigos – conta Chris.

Em formato de uma tela de WhatsApp, os diálogos de Nic, professora de yoga há mais de vinte anos, e seu alter ego, o Shivão, vão das questões existenciais aos dilemas mais mundanos. O que Shivão vai fazer num sábado, meditação? Não, faxina.

– O Shivão nunca julga. Ou ele zoa, ou ele está junto. Ele sabe que a gente está aqui no mundo, pagando boleto. Por isso rola identificação – diz Nic.

No papo reto com o oráculo, o riso é solto. Mesmo durante os percalços, ele lembra que enquanto estivermos vivos, vamos aprender. No perfil da atriz Luciana Paes, são os animais que escancaram nossos comportamentos humanos e nos fazem refletir. Toda segunda-feira, vídeos dublados da série que ela chamou de #segundafofa trazem um diálogo interno imaginado por Luciana para o tal animal fofinho. Cansada de ver suas próprias fotos na timeline, da pessoalidade que as redes sociais demandam, ela achou nos bichinhos uma neutralidade. As mensagens não são nem positivas nem negativas, apenas observações da realidade.

– As redes sociais estão muito congestionadas. As pessoas precisam de um espaço mental, um respiro – compartilha Luciana.

A conversa com Luciana é o oposto daquele papo pautado pelos algoritmos. Integrante da Cia. Hiato, ela gosta de ir mais fundo e entender que nós mesmos somos personagens que construímos há mais tempo – e por isso também temos mais dificuldade de enxergar por completo. Ela compartilha a liberdade da arte de olhar para os lados menos apreciáveis do ser humano e entender que tudo é mais complexo:

– Na internet, você é isso ou aquilo. No teatro, a gente estuda que você pode ser isso "e" aquilo, pode ser alguém generoso e que foi escroto naquele momento.

Para fazer da interpretação também um caminho de autoconhecimento, o mesmo carinho e tempo dedicado para o estudo de um personagem pode ser despendido para observação das pessoas. Luciana acredita que a arte possa oferecer a utopia de um viver mais íntegro, com mais consideração pelas decisões e sensações de cada um. Para chegar a essa mudança, não vê outro caminho senão entrar em contato com as nossas dores.

A poeta Alice Ruiz topa falar sobre o que machuca, mas se recusa a parar no sofrimento.

Se é para falar de dor, tudo bem. Mas sempre oferecendo um tipo de saída. Não sou poeta da desesperança.

Alice Ruiz

É de sua autoria a letra *Milágrimas*, cujos versos foram musicados por Itamar Assumpção. Em caso de tristeza, o que fazer? "Vire a mesa, coma só a sobremesa." E em caso de dor? "Ponha gelo, mude o corte de cabelo." As inspiradas saídas foram sendo compostas ao redor de uma frase que não saia de sua mente: "A cada mil lágrimas sai um milagre". Um dia, assistindo televisão, Alice viu um comercial que ensinava a receita de soro caseiro. A apresentadora falava que precisava de sal e açúcar e você ficava sabendo que estava certa a proporção quando era o sabor da lágrima. Dessa poderosa imagem, veio tudo. No aniversário de 30 anos da canção, ela ganhou uma versão em história em quadrinhos, com traços de Luli Penna.

– *Milágrimas* é um mantra, te possibilita sentir a dor e dizer que ela vai passar – diz Luli.

A catarse emocional também está na semente do projeto Reverb Poesia, do poeta Allan Dias Castro e do músico Tiago Corrêa. Eles se uniram pela insatisfação com a vida no piloto automático de antes e a vontade de viver de um grande sonho: queriam fazer algo que os fizesse sentir vivos. Ainda que os percalços do cotidiano sirvam de inspiração, eles se comprometeram a não "descontar" na caneta o que sentiam, mas buscar soluções e traduzi-las em refrões. No encontro, a dupla reconheceu o valor da arte para lembrar o valor da vida. Para chegar lá, perceberam que precisavam tirar da frente o perfeccionismo.

– Há aquela cobrança de ter que ser bom em tudo, o tempo inteiro. Daí a gente nunca começa – alerta Allan.

Uma das suas faixas se chama *O Mar Ensina*. Fala das lições que as correntezas (e até os caldos) ensinam, desde que nós não paremos de remar. Allan conta que a inspiração veio da vontade de experimentar um sonho novo: surfar. Depois do que ele pensava ser a "idade certa" para começar, pegou sua prancha e caiu na água. Descobriu que realmente não tinha nenhuma aptidão! E por isso mesmo decidiu seguir, pela diversão e possibilidade de transformar resiliência em fôlego.

Determinar-se a algo não significa, porém, traçar planos rígidos e esquecer de considerar para onde as setas do caminho estão apontando. Tiago conta da sensação de que tudo que conseguiu realizar ter chegado por vias diferentes daquelas que tinha projetado.

– Parece que a vida é um grande mar, você acha que tem que nadar para um lado, a vida está te levando para lá, mas você acha que tem que ser por aqui – diz Tiago.

Durante o processo de escrita deste livro, Tiago me chamou para participar do seu programa *Criando Música*, em que ele convida pessoas a contar passagens marcantes da sua trajetória para criar junto uma faixa. De verdade, a única coisa lógica seria dizer não. Conseguir tempo para escrever uma música junto? Impossível. Mas o "aceito" veio mais rápido – e a experiência de fazer arte junto foi de grande valor. No nosso primeiro papo, contei sobre uma sensação que antecedeu o nascimento do podcast Jornada da Calma. Quando tudo desmoronou, percebi que tinha uma escolha. Depois de me ouvir com toda sensibilidade, o Tiago chegou para o nosso segundo encontro com muitas inspirações e chegamos juntos até *Pode Vir*.

Diz para mim o que será que existe depois do fim?
Dá aquele medo bom ou é ruim?
Eu quero abrir o peito para esse turbilhão
Tratar como visita toda situação que me visitar
E ser como um livro aberto louco pra começar
Uma história sem razões pra terminar
Deixei o sol entrar trazendo seu clarão
E a gente amanheceu então como se fosse a primeira vez
E se eu me abrir quem sabe a vida possa entrar
Vou aceitar o que ela tem pra oferecer
E mesmo não sabendo quem vem pra jantar
Eu vou deixar a mesa pronta e receber
Eu sei que a vida não avisa tô chegando
Mas eu já deixo avisado: pode vir
De susto ou como alguém que chega tropeçando
Do jeito que ela é eu abro mão de interferir

Ao ver a letra de *Pode Vir* pronta e lembrar da sensação antiga de desmoronamento, dá vontade de poder entrar num túnel do tempo para contar para mim mesma do passado que a reconstrução viria, não era preciso temer. Você já teve essa vontade de escrever uma carta para si?

Psicólogo e terapeuta familiar, Alexandre Coimbra Amaral se inquietava em pensar há quanto tempo não recebíamos cartas de alguém. Da sua paixão *vintage* pelas cartas, do cheirinho que as pessoas colocavam no papel às marcas de lágrimas que de vez em quando tomavam a correspondência, veio a ideia para o livro *Cartas de um Terapeuta Para Seus Momentos de Crise*. Cada carta é escrita por um sentimento humano. A do medo reverte a impressão fantasmagórica que muitos de nós temos sobre essa emoção.

– O avesso do medo não é a coragem, é o nós. A gente vence o medo de mãos dadas, com as pessoas que fazem sentido para gente e deixam a gente mais forte – diz Alexandre.

Alexandre fala de um preconceito que a nossa cultura tem em assumir que as crises acontecem mesmo, com todos. Não chega a ser partidário da ideia que toda crise é uma oportunidade – falar isso parece indicar que é preciso manter a produtividade, performar durante uma crise. Sobreviver a ela já é uma grande vitória – mas depois que ela passa, podemos ver o que tiramos de lição e o quanto crescemos, pedindo toda ajuda que quisermos ou precisarmos ao longo do caminho.

Aceitar receber uma ajuda nem sempre é simples. Essa é a constatação do escritor Fabricio Carpinejar:

– Estamos cada vez mais desconfiados com a ternura e já aceitamos normalmente a grosseria. Algo está fora dos eixos.

Essa pulga atrás da orelha com o carinho está por trás do nosso ímpeto de sempre criticar, e pouco elogiar. Da mesma forma, quando recebemos um elogio, temos dificuldade de simplesmente aceitar e agradecer. É uma forma de, antecipando sempre o pior, nos protegermos de qualquer nuance de intimidade. Fabricio vê uma tendência nossa de resguardar racionalmente as lágrimas, o que só faz mal. Não chorar, para ele, é chorar sempre: quem guarda o choro está sempre chorando. Autor do livro *Colo, Por Favor!*, ele nos lembra que as palavras são ferramentas para deixar correr as emoções e encontrar mais conexão humana.

Uma frase bem dita na hora certa pode resgatar alguém do desânimo e da angústia. Nas suas redes sociais, são frases escritas à mão, no guardanapo, como as grandes e inesperadas epifanias que chegam na mesa de um bar ou restaurante, que encontram quase 1 milhão de pessoas todos os dias. Antes de assumir que sabe o que as outras pessoas precisam, Fabricio faz o que todos nós podemos fazer: ele pergunta. Essa capacidade de nos deixar sensibilizar pelo outro é o que faz de nós artistas.

– Todo mundo é poeta, poeta é quem lê as pessoas – observa Fabricio.

Fabricio encontrou uma forma desinteressada de exercer a ternura: dar e pedir colo. Colo é para quem constrói vivências em comum – e pode ter ainda o requinte do cafuné, para nos deixar embriagados de amor.

Como seguir pelo caminho do amor e não do embate? No sânscrito, há o termo "ahimsa" para sintetizar o caminho da não-violência. Autores do documentário *Samadhi Road*, Daniel e Julio Hey escolheram o selo "Irmãos Ahimsa" para reunir seus projetos relacionados ao autoconhecimento e a uma cultura de não-violência. No nascimento do projeto estava a percepção de que o sentimento de humanidade, quando desperto, revela uma interdependência entre nós e os outros. Eles entrevistaram personalidades como o saxofonista Sonny Rollins, o discípulo próximo de Dalai Lama e professor de budismo Robert Thurman, a filósofa Agnes Heller e o músico Gilberto Gil para entender como levam a vida e escolhem pela não-violência.

> **Exercer o ódio é facílimo. Para exercer a compaixão, o perdão, o amor, é preciso muito mais força.**
>
> Irmãos Ahimsa

Nas conversas, eles queriam evocar a vida interior, a forma como todos os entrevistados se relacionam com a própria mente. Ao abrir um espaço para a conversa, acreditavam que a própria oralidade tinha o poder de transmitir o saber. No encontro com o mestre espiritual Mooji, compreenderam que podemos andar por todo lado em busca de conhecimento, estudar em todas as bibliotecas do mundo, conviver com os sábios e nos nutrir de sua sabedoria, mas o último passo sempre será para dentro, na realização da nossa verdadeira natureza espiritual.

– Espiritualidade não é um estereótipo sobre ser bonzinho e fingir estar sempre feliz. É sobre ser muito forte – dizem os irmãos.

Foi de nariz de palhaço e improvisando que o ator e também diretor Marcio Ballas encontrou sua força numa palavra curtinha: sim. Quando um palhaço enxerga a situação ao seu redor, diz "sim" para o que está acontecendo. Depois, ele encontra o outro e diz "sim" para quem está lá. Por último, há um "sim" para o jogo, a brincadeira. Esse "olhar do sim" do artista vai na contramão da nossa postura fechada de negar qualquer ideia nova, achar sempre que não vai rolar, não vai dar certo... Mesmo quando não está como João Grandão, seu nome de palhaço, Ballas traz a lembrança que a leveza, o humor e a criatividade podem fazer parte do nosso cotidiano se nos mantivermos atentos e abertos.

– Esse estado de presença, do aqui e agora, tem tudo a ver com a meditação – defende Ballas.

Do trabalho com os Doutores da Alegria, Ballas traz o aprendizado de primeiro observar uma cena para depois decidir como agir. Ao entrar no quarto de um hospital para visitar uma criança, parte do olho no olho, da relação, do afeto, para entender qual brincadeira era bem-vinda – ou se o melhor era deixar a intervenção para depois. Do sensível monólogo *Bagagem*, vem junto a importância das memórias afetivas e de não julgar o passado (de verdade, nunca sabemos precisamente o que aconteceu nem com nossa própria familia). Do sucesso *Jogando no Quintal*, um espetáculo de improviso que fez história no Brasil com uma nova vivência a cada apresentação, veio o entendimento que a arte não é simplesmente uma doação de energia – é uma troca com o público e com os outros atores.

Na vida cotidiana, essa possibilidade de troca ganha de Ballas um outro nome. É o princípio da carona. Quando ele tinha uns 12, 13 anos, ele se lembra de ter descolado uma carona para voltar do clube. O adulto no volante morava a vinte quadras da sua casa, mas fez uma voltinha a mais e acabou deixando-o na porta de casa. Ao sair, profetizou: "Um dia você vai dar essa carona para alguém". Quando Ballas tirou a carteira de motorista assim ele fez:

– De carona em carona a gente vai mudando o mundo.

Mesmo quando não há plateia para aplaudir, fazer arte pode virar uma expressão genuína do nosso coração integralmente presente. É uma forma de passar adiante a vontade de viver, ampliar nosso entendimento do mundo e arrancar um riso de nós mesmos. Sem a delicadeza de artista que cada um de nós guarda, qual seria a graça de caminhar?

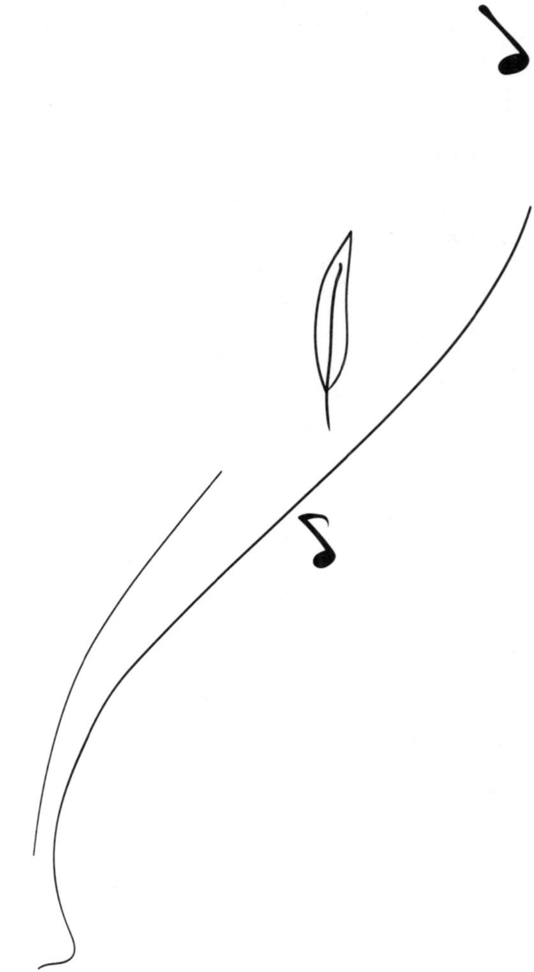

OUVIR O CORAÇÃO

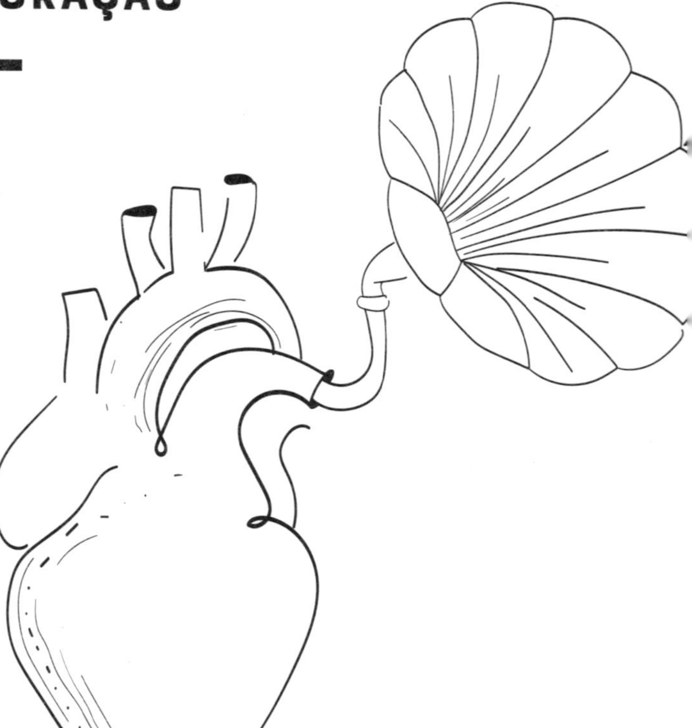

É mais forte do que eu gostaria. Diante de um desafio ou dúvida sobre uma decisão importante a ser tomada, levo as mãos até a cabeça. Se estou em frente ao computador, onde costumo passar a maior parte do dia, apoio os cotovelos na mesa e com os dedos tento segurar todo o peso que desaba para a testa. Esfrego os olhos, franzo as sobrancelhas, estalo o pescoço. Acontece com você também? Não são gestos teatrais, eles vêm quando ninguém está olhando, denunciam a vontade de chacoalhar a mim mesma para extrair uma solução praticamente à força. Até hoje, o único resultado que consegui dessa sequência de gestos foi frustração.

Tem um outro gesto, porém, que leva para uma sensação oposta. Quando quero me encontrar ou falar de mim, de verdade, coloco uma ou as duas mãos no centro do peito. Parece que é de lá que sai a sinceridade de frases como "Eu preciso" ou "Eu sinto tanto". O movimento é natural, mais veloz do que meu julgamento, que acha o sinal um tanto piegas mas não chega a tempo de impedi-lo. Nele eu encontro descanso. Consigo sentir o tórax subindo e descendo para dar passagem ao ar da respiração, sentir o pulsar agitado ou mais sereno dos meus batimentos, sentir a atenção voltada para dentro.

Que "mágica" é essa que o coração tem? Teria ela a ver com o órgão propriamente dito, essa porção musculosa e cheia de veias do nosso corpo, ou com seu papel alegórico? Do que as pessoas estão falando quando sugerem "seguir o coração"?

Uma pergunta sincera não tarda em achar uma resposta. E foi assim foi que o encontro com a Roberta Moreira Lima, instrutora do HeartMath no Brasil, trouxe luz para essa questão. O instituto surgiu na Califórnia, nos Estados Unidos, há mais de 25 anos com um objetivo: estudar o coração.

– O coração não é simplesmente uma bomba de sangue, mas também uma fonte de sabedoria – explica Roberta.

Para chegar a essa conclusão, os pesquisadores focaram a relação entre o coração e o cérebro. Descobriram que 80% dessa comunicação parte do coração para o cérebro, não o contrário. Se um deles está "no comando", talvez não seja quem sempre imaginamos.

É certo que a natureza dos batimentos inclui altos e baixos: um traço reto no eletrocardiograma é sinal de emergência. Ou de fim da linha. Mas a turma de estudiosos colocou uma lupa na variabilidade cardíaca para entender como era a cadência, ou coerência, do coração e o quanto ela está conectada aos nossos estados emocionais. Descobriram que emoções como amor, paz, apreciação e compaixão promovem um modo coerente de batimento do nosso coração, enquanto ansiedade, ressentimento e amargura, por exemplo, causam incoerência na variabilidade cardíaca.

O corpo usa esses sinais para entender quais hormônios precisa liberar a cada momento, o que explica as reações fisiológicas que experimentamos em uma situação de perigo (real ou imaginário) ou de deleite. Para deixar tudo ainda mais interessante, foi registrado um campo eletromagnético que sai precisamente da região torácica e que se expande para fora do nosso corpo físico, cerca de 3 metros ao redor. Ou seja, podemos interferir no campo de outras pessoas.

– Se vibramos medo e estresse, funcionamos como uma nuvenzinha que contamina o ambiente em que estamos. – afirma Roberta.

É curioso pensar que o símbolo usado nos quadrinhos seja tão compatível com o que acontece de fato. Quando conversamos frente a frente com alguém, podemos sentir essa espécie de equalização acontecendo. Se estamos mais nervosos ou mais calmos, convidamos nosso interlocutor para uma sensação interna semelhante. E ele faz o mesmo conosco, simultaneamente, ambos provavelmente sem perceber. Mas diante da consciência desse fato, começa a ficar mais fácil identificar essa inter-relação e intencionalmente cuidar dela.

As ferramentas para alterar o estado de coerência cardíaca são simples, mas poderosas: incluem respirar focando na região do coração e acessar sentimentos regeneradores, como a gratidão. Quando achar algo pelo que agradecer fica difícil, lembro de um motivo inequívoco que a Roberta apresentou.

Foi no dia que nos conhecemos. Ela estava num estande do HeartMath no IV Congresso Internacional da Felicidade, que acontece em Curitiba. Era o primeiro fim de semana de novembro de 2019 e a atmosfera no Parque Barigui era de êxtase: 2.600 congressistas de mais de 300 cidades vibravam com cada palestra. Comigo não era diferente, sentia uma alegria expansiva e ao mesmo tempo uma dificuldade de concentração. Eram muitas coisas acontecendo juntas, todas imperdíveis, mas eu, uma só, precisava escolher o que queria acompanhar. Junto desse frenesi estimulante de contato com tantos conteúdos interessantes vinham acessos de fome – e todo mundo saia em disparada para os intervalos de almoço e café.

Era ali, próximo à praça de alimentação, que estava o quiosque do instituto. Com laptops e curiosos aparelhinhos para medir a coerência cardíaca, os instrutores do HeartMath convidaram nosso pequeno grupo a participar de uma experiência. Sentados em roda, fomos conduzidos em uma prática de meditação focada na gratidão: no caso, gratidão ao coração. Ele está batendo o tempo todo, mantendo nosso corpo funcionando, capaz de reagir a estímulos, tomar decisões. Foi o coração que nos levou até ali, ao lado da ruidosa praça de alimentação, onde paramos alguns minutos.

Ao final da prática, um gráfico mostrava o que acontecia com os batimentos a partir do momento que começávamos a agradecer. O que antes estava bagunçado ficava aos poucos mais harmônico, com curvas que subiam e desciam em padrões ordenados.

O coração é o caminho. Perceba que ele está ali, batendo, e podemos ser gratos por isso.

Roberta Moreira Lima

A chave está em manejar o foco da nossa percepção, ficar de olho em para onde nossa atenção está sendo direcionada.

Não por acaso, o que tinha me levado até Curitiba foi uma conversa sobre atenção com Gustavo Arns, o fundador do Congresso Internacional da Felicidade. Começamos questionando o que nos faz bem. Sabemos o que causa essa ou aquela doença. Temos inclusive uma Classificação Estatística Internacional de Doenças e Problemas Relacionados com a Saúde, o CID. Mas e o que nos leva do estado neutro para um patamar positivo, o que ajuda a promover mais saúde?

Com maestria, Gustavo nos faz questionar o que está por trás da sensação de bem-estar subjetivo que chamamos de felicidade, quais são as experiências positivas que contribuem para isso, o que é de fato uma vida boa, prazerosa, com significado.

Na sua história, ele começou a notar as atividades que poderia desenvolver por um longo período de tempo sem se sentir cansado. Quando ele passava muitas horas estudando, por exemplo, ele terminava se sentindo mais energizado. Depois de algum tempo dedicado a essa investigação, descobriu que o amor ao aprendizado, o gosto por adquirir novos conhecimentos, é uma das suas principais forças. Você sabe quais são as suas?

Diante de um mundo tão caótico, achar determinação para aprender pode não ser simples. Para dar conta disso, Gustavo nos conduz a repousar a visão no que pode dar ou já está dando certo, não só no que está dando errado.

– A gente não pode varrer o problema para debaixo do tapete, mas pode também olhar para o que está dando certo e vibrar nessa energia – indica Gustavo.

A medida do que é fingir não notar o monte de sujeira embaixo do tapete e o que é treinar o olhar para ver o que há de belo sempre é um desafio. Há mais tempo nesse processo, Gustavo conta que já foi questionado se a busca pelo que há de positivo poderia ser uma forma de alienação. Ele entendeu, porém, que sem felicidade, ninguém nunca resolveu nada. Esse olhar pautado para encontrar o que está prosperando é uma forma de nos desafogar do mar de informações que não agregam em nada na nossa experiência de mundo, não melhoram nossas vidas e nem as relações.

Para transformar toda essa informação em conhecimento, é preciso aprendizado. Gustavo explica como se dá esse processo usando uma tríade cunhada por Satish Kumar, um dos criadores da Escola Schumacher, onde ele estudou: tudo envolve cabeça, coração e mãos. Nosso aprendizado tem que passar não só pela cabeça, pelas habilidades técnico-cognitivas, mas também pelo coração, que é essa conexão com o outro e com a emoção que nos proporciona viver em comunidade. Por fim, chega-se às mãos, ao colocar as mãos à obra, mexer na terra, fazer algo. Uma dica prática para fazer isso agora? Largar o computador e fazer algo com as mãos.

Foi com as mãos no violão e o coração aberto para o caminho do autoconhecimento que o músico Felipe Ispério encontrou saída para um episódio difícil de depressão não diagnosticada na época. Ele estava num momento de vida muito fechado em que nada fazia sentido, mas conseguiu com as redes sociais, chegar em mensagens de autoajuda que o tocaram profundamente.

Foi também nas redes sociais, passando o indicador na tela do celular, quase que hipnotizada pelo Instagram, que encontrei Felipe tocando sua inspirada composição *Oração* com a voz doce e uma serenidade inequívoca no perfil do Gustavo Tanaka, que fala sobre colaboração com o todo no próximo capítulo. Numa semana com mais baixos do que altos, seus versos trouxeram acolhimento.

Ouça, essa oração
Feche os olhos e abra o coração
Agradeça a tudo que existir
Cada detalhe te trouxe até aqui
Sinta que tudo ao seu redor
Se transforma, fica cada vez melhor
Lembre, não há problema algum
E nada está separado
Pois todos somos um
Saiba que tudo que quiser
Vai dar certo, é só você ter fé
Siga a se descobrir

Pra que toda força que habita em você

Possa então fluir

E o fim dessa jornada

Irá acontecer

Quando puder ser nada,

Para tudo ser

Nunca havia lido um texto seu ou conversado profundamente com Felipe, mas "algo" - seria o coração? - me dizia que essa conversa tinha que acontecer. Para quem sempre buscou segurança e já tentou controlar ab-so-lu-ta-men-te tudo, propor uma empreitada assim no escuro era uma micro revolução. Confiando, descobri que era essa transformação que ambos precisávamos fazer:

- Eu tinha um perfil extremamente controlador, de querer arquitetar tudo. Hoje eu não faço isso, só espero chegar o momento, o agora - conta Felipe.

A sensação é de fechar os olhos e abrir o coração, como diz a música, para então seguir a intuição.

Foi ouvindo seu sexto sentido que a cantora Xenia França mudou da Bahia para São Paulo. O chamado para seguir a carreira artística era forte - mas ela teve que estar sempre atenta às armadilhas do ego.

- Nosso desafio é estar na cidade, em busca do que a gente quer, e ainda lembrar que não é só isso, não estamos só presos nessa caixa - alerta Xenia.

Ainda que a expressão "fora da caixa" esteja bastante gasta, quase colocada como uma obrigação relativa a ambições e expectativas do mercado de trabalho, Xenia usou-a de uma forma diferente, mais sutil, que nos coloca em contato com a liberdade que extrapola limites. Para isso, sua ferramenta é a arte. Na música, ela encontrou respostas para o que não conseguia explicar, para sentimentos que não conseguia nomear.

Da plateia, observar Xenia em cima do palco é assistir a uma força da natureza brincando junto com a multidão. Ela não se coloca lá para ser adorada, mas convida o público para participar de uma celebração com ares de ritual no qual todos são como antenas. Sozinhos, meditando, rezando ou cantando, somos capazes de sentir um arrepio. Imagina quando estamos com mais gente! Esse poder experimentado na reunião das pessoas não passa pelo intelecto, vem da emoção. Tem a ver com a música como frequência que só atravessa a gente. O lance é baixar a guarda (ou baixar a bola, como dizem as nossas mães) para alcançar esse estado de presença e conexão.

No terreno das sutilezas do coração, há uma trava: o que pensamos sobre o amor. Sem desfazer a rigidez desse conceito, abrir a percepção fica complicado. Quantas vezes não confundimos o amor com um enredo cinematográfico: borboletas no estômago, falta de ar de tanta emoção, um beijo e logo o "felizes para sempre". O que funciona para as comédias românticas (um vício confesso), porém, não acontece igualzinho na vida real, claro. Renato Noguera, estudioso de expressões de amor em diferentes partes do mundo, explica esse descompasso que sentimos:

– Há muita expectativa em torno do amor romântico – percebe Noguera.

A pressão para universalizar um formato gera angústia. Como nos libertar dessa expectativa que aprisiona e apequena o coração? Independente da configuração das relações afetivas, Renato encontrou um ponto de partida do qual não é possível prescindir: o conhecimento. Sem conhecimento das possibilidades de expressão do amor e principalmente sem autoconhecimento, cria-se uma impossibilidade para o encontro amoroso.

De forma poética, ele conta uma prática comum em culturas da África Ocidental. Quando uma criança nasce, a mãe tem que encontrar a "canção da criança". Ela é a porta-voz dessa canção, conta para o pai, as parteiras, as outras pessoas da comunidade. Ao crescer, a criança passa a conhecer essa canção. Não tem ninguém sem papel numa comunidade – e essa vida comunitária também é uma manifestação do amor. Nessas culturas tradicionais, querer bem passa por estabelecer rituais para ajudar as pessoas a passar por crises e grandes marcos, como o casamento. Não adianta "importar" rituais zulus ou de povos da Amazônia para a cidade grande e esperar que eles tenham algum efeito, mas essa concepção ajuda a dar novos sentidos para o amor como construção.

Mas e se o amor for mais do que o que sentimos em alguns momentos por algumas pessoas seletivamente? E se o amor for o que nós somos – e é dessa natureza amorosa que o nosso coração tenta insistentemente nos lembrar a todos os momentos? É assim que enxerga a Paulinha Oliveira, fundadora do centro de estudos e práticas para expansão da consciência Frequência do Amor:

O amor é uma condição presente, um estado de consciência de quem eu sou.

Paulinha Oliveira

Ouvir que o amor está sempre presente reverte uma ideia teimosa: a de que o amor está sempre num vir a ser, numa busca por algo a ser conquistado. Eu já achei que deveria fazer algo para alguém me amar, ou que a outra pessoa deveria fazer algo por mim, porque eu não sairia amando assim "de graça", por nada. Nesse pensamento, fica difícil não sentir medo de amar ou retrair o coração antecipando rejeição, não é? Paulinha fala que teve também que mudar tudo o que pensava sobre amor, desvencilhar-se de uma visão romântica, aprendida no mundo, para entender como ele era uma frequência que colocava sua mente num lugar mais claro, objetivo, sensível, produtivo e calmo.

Estudiosa do livro *Um Curso em Milagres*, Paulinha vai fundo em ditados quase batidos no universo da espiritualidade, como o que fala que estamos vivendo uma experiência humana, mas somos seres espirituais, divinos. Nessa experiência humana, todos criamos uma persona para nós mesmos, como um personagem de uma peça. Enquanto moldamos essa identidade, é como se estivéssemos enchendo uma mala que vai ficando cada vez mais pesada de carregar. Sua proposta, que não é simples, mas é possível, nos conduz a soltar a mala e viajar mais leve.

Um instrumento poderoso que ela usa são os Lembretes do Amor, mensagens curtas que agem como convites para estabelecermos uma conexão com nosso Guia Interior - ou com o nosso coração, por que não? "Para de buscar respostas fora de você" e "Basta sempre seguir o que faz seu coração brilhar!" são alguns que busco usar com frequência.

Só a determinação para mudar o modo de viver e ouvir mais o coração, por exemplo, não garante que a gente consiga de fato implementar transformações. É preciso tentar e aceitar que em algumas horas vamos conseguir, em outras vamos falhar, mas podemos seguir. É por isso que Aline Castro gosta tanto da ideia de "travessias". Nascida numa pequena cidade agrícola, ela tinha sede de mundo, e foi atravessando cidades e carreiras profissionais. Para direcionar cada mudança, ela conta, a coisa mais importante é se conectar com o que faz sentido para a gente mesmo.

- Qual é seu chamado? O que você realmente gosta? - questiona Aline.

Eu a conheci naquele Congresso Internacional de Felicidade. Ela estava em cima do palco conduzindo a abertura do evento - e citando a letra de uma composição de uma grande amiga e companheira de jornada, a Luiza Caspary. Não aguentei, saí decidida a conhecê-la pessoalmente. Quando a avistei, na fila de uma das barraquinhas da praça de alimentação, fui até ela, me apresentei e disse que queria entrevistá-la.

Na hora, só fiz o que tive vontade. Depois, fiquei elucubrando: será que fui invasiva? Será que pareci louca? Acho que o coração tem dessas: dá comandos mais fortes que as nossas vozes autocríticas. Ainda bem que, nesse caso, dei ouvidos ao coração.

Por trabalhar facilitando travessias de grupos, a Aline tem clareza dos passos que precisamos dar, começando pela aceitação de que tudo que acontece na nossa vida é um grande mestre.

– A gente só está onde está hoje por tudo que a gente viveu. Assim a gente se perdoa, pergunta "O que eu aprendi com isso?" e segue mais leve – compartilha Aline.

Buscar leveza não significa negar nossas dores e medos, mas colocá-los na roda em nome de um processo de cura coletiva. Honestamente falar sobre o que sentimos resgata a nós e aos outros da vergonha. Foi assim que a cantora Bruna Pinheiro parou de tomar decisões por pressão externa ou por qualquer insegurança interna. Desde pequenininha ela sempre gostou de assuntos ligados ao desenvolvimento pessoal e à inteligência emocional, mas tinha vergonha de falar disso em público.

Depois de muitos shows, programas de televisão e "músicas que o mercado queria", como ela mesma define, foi uma decepção que fez tudo mudar. Quando uma faixa que estava certa para entrar na trilha sonora de uma novela acabou ficando de fora, ela decidiu falar do que de fato era importante para ela, do despertar de uma nova consciência:

– Foi só depois que eu assumi a espiritualidade e segui o meu coração que as peças se encaixaram – lembra Bruna.

A proposta de constantemente seguir essa voz interior é encantadora, mas como, se eu nem consigo escutá-la? Será que estamos ouvindo bem?

Onde quer que você esteja, repare: quais ruídos estão ao seu redor? No momento em que escrevo essas linhas, consigo perceber os barulhinhos da cadeira quando me mexo, o tec-tec do teclado (ainda não aprendi a digitar suavemente, uma pena) e alguns sons de carro da rua bem lá longe. Todos os barulhos já estavam aqui, mas antes de propor esse exercício, eu não tinha reparado em nenhuma dessas interferências sonoras.

O terapeuta Felipe Sucupira, à frente do projeto Eleva Sound Healing, mostra como é possível lapidar esse sentido:

– A criança é exímia em aprender com o sentido da escuta. Mas com o tempo, o corpo desaprende. A terapia do som vai relembrar como é viver nesse lugar de escuta plena.

Quem me apresentou o Felipe foi a jornalista Mariana Ferrão, que atiçou minha curiosidade sobre como era uma sessão de sound healing, ou cura pelo som. Antes da entrevista, combinei com o Felipe de ir até o seu espaço e me aproximar da técnica. Num casarão silencioso e cheio de cristais, fui convidada por ele primeiro a sentar numa cadeira e meditar, para "chegar" – daquele jeito de chegar-chegando que falamos no primeiro capítulo.

Na sequência, Felipe usou aplicativos e outros programas tecnológicos para medir como estavam a minha voz e meu nível de energia. Ele conta que nosso corpo está tão encharcado de cortisol e ruído que não consegue dar uma resposta apropriada. Para ajudar o corpo a relaxar, diminuir os gatilhos de liberação do hormônio do estresse, ele usa tigelas de cristal de quartzo (o som mais lindo que já ouvi – se você nunca ouviu, vá direto ao minuto 18'22 do episódio 27, Terapia do som, e deleite-se com o intervalo da "quinta justa"). Na sessão, com tigelas de diferentes tamanhos e outros instrumentos – mais um sensor para acompanhar a coerência cardíaca –, ele faz uma sinfonia para nos deixar menos tensos. Para impactar alguém, às vezes não é preciso tanto. Basta a nossa voz.

– Somos um instrumento. Temos que nos perguntar: qual é o meu som no mundo? Qual é a minha nota pessoal? Quem sou eu? – questiona Felipe.

Responder essa pergunta é uma tarefa pessoal, impossível de terceirizar. Contar com amigos nessa jornada, porém, acelera nosso ritmo. Foi assim com a Dani Bertolo, a entrevistada do podcast que conheço há mais tempo, mais precisamente desde a infância. Nós estudamos juntas desde a 7ª série do colégio, antes dela escolher a fisioterapia e depois o yoga como profissão, e antes de eu escolher o jornalismo e depois a calma como caminho. Das preocupações juvenis aos questionamentos existenciais, ambas caminhamos e mudamos muito. A única coisa que não mudou de lá para cá foi a disposição para conversar. Foi contando para a Dani da minha jornada até a calma que comecei a me ouvir e acreditar que tinha algo a compartilhar com o mundo. Ela passou a ser incentivadora de eu soltar a minha voz, e eu a dela.

Em 2015, fui encontrá-la para dias de férias na Índia, o país emblemático que marcou a conversa com Daniel e Julio Hey, no capítulo anterior. Ela já estava lá desde o ano anterior, fazendo sua formação em yoga e ayurveda. Sem os celulares habilitados para o exterior, vindas de voos diferentes e sem horários pré-confirmados, combinamos de nos encontrar no aeroporto. Não sabemos como deu certo, mas ela foi a primeira pessoa que vi ao buscar minha mala na esteira.

Saímos de tuk-tuk (quem acha a Índia tranquila não sabe o que é o trânsito de lá) e deixamos as malas num hotel. Com mais dois amigos, fomos fazer nossa primeira refeição juntos. Escolhemos um restaurante que pareceu razoável. Na hora que fui ao banheiro, olhei por uma fresta para a cozinha e vi um ajudante tomando banho ali mesmo, com água direto da panela, escorrendo pelo seu corpo todo e depois pelo chão. Já tínhamos começado a comer. Demos uma risada (muito) nervosa e seguimos. Um pouco de folclore turístico é sempre bem-vindo, mas quando a Dani decidiu expor justo aquela história no episódio me deu um frio na espinha: eu ainda trabalhava com jornalismo gastronômico na época. O que vão pensar?

A oportunidade virou um aprendizado. No lugar de esconder medos e inseguranças, seria preciso encarar os acontecimentos como eles nos chegam. Mostrar-se vulnerável talvez seja parte incontornável do caminho do coração – e a que nos coloca mais perto dos nossos companheiros de jornada. Dani contou de uma nova ida à Índia que a conduziu para longe da sua zona de conforto, mas para mais perto de si mesma. Ela guiou um grupo de dez pessoas por um tour pelo país e uma experiência de autoconhecimento.

– Foram dias de olhar para dentro, olhar para o coração, se enxergar como potência no meio desse caos bem-vindo.

Sem sair do estúdio, sua meditação do coração deu um gostinho dessa viagem interna.

Vá percebendo esse fluxo da sua respiração
Direcionando sua atenção para o peito
Morada do nosso coração

Vá tentando encontrar a presença do seu coração
O espaço que ele ocupa, todo o calor que emana dele
Se sua respiração tiver bem tranquila
Você vai conseguir sentir seu coração pulsando
Emanando toda essa potência amorosa e segura

Podemos nos sentir inexperientes, apenas tateando o trajeto de contato com essa potência, silenciando ruídos e tentando perceber o que a nossa própria intuição quer nos dizer. Tudo bem seguirmos como amadores. Sempre que nos perdemos, o amor pode apontar o caminho. Com a mão firme no peito, que a gente possa dizer: vou por aqui porque é para onde sinto que devo. Obrigada, coração!

COLABORAR COM O TODO

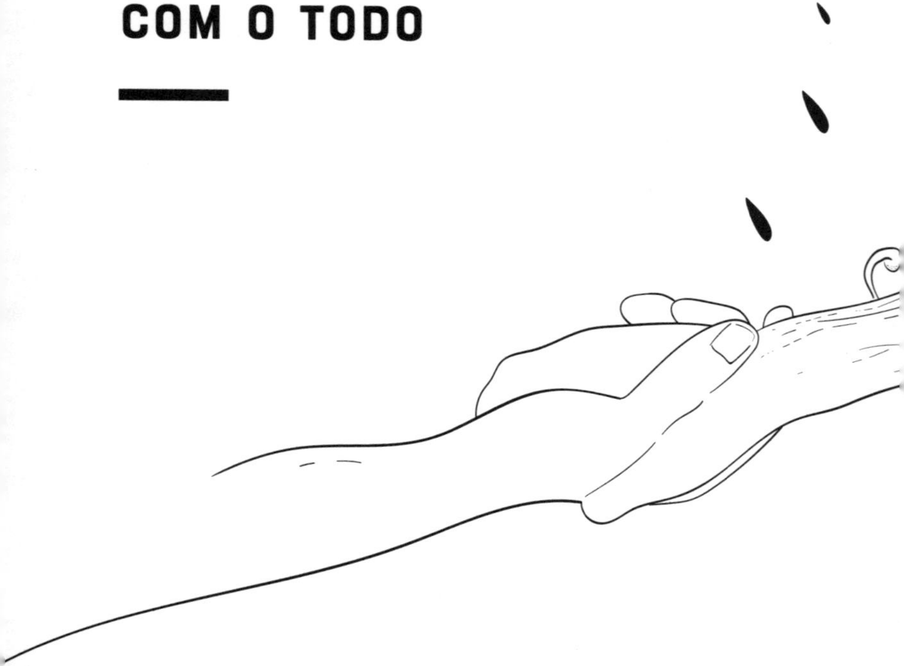

Um provérbio africano diz: "Se quiser ir apenas rápido, vá sozinho, mas se quiser ir longe, vá com alguém". Quando o professor, escritor e filósofo Mario Sergio Cortella citou essa frase no episódio comemorativo do 1º ano do podcast, tive um momento de grande clareza: não há como alcançar nada grandioso sozinho. Não tem jeito. A própria noção de independência total é uma impossibilidade. A humanidade conseguiu sobreviver até hoje por conta da sua capacidade de trabalhar junto. Antes mesmo da nossa espécie caminhar sobre a Terra, o próprio planeta só passou a ter oxigênio na atmosfera depois de diversas interações de elementos e organismos ínfimos como as bactérias. Se dependemos de outros seres e condições até para respirar, como podemos dizer que não precisamos de ninguém?

Uma maneira de ganhar perspectiva dessa interdependência profunda é buscar um ponto de vista mais amplo. Em 1990, ganhamos uma visão de longe, bem de longe, distante cerca de 6 bilhões de quilômetros, da nossa casa. Foi quando a sonda Voyager 1, a pedido do astrônomo Carl Sagan, fotografou a Terra na fronteira do Sistema Solar. A imagem original ficou conhecida como a do Pálido Ponto Azul por nos resumirmos a essa dimensão no universo: um pontinho azul e pálido na vastidão escura do espaço. Para o cientista, a astronomia era uma experiência de construção de caráter e humildade. "Talvez não haja melhor demonstração da tola arrogância humana que esta distante imagem do nosso pequeno mundo", escreveu ele.

A maioria de nós não terá a experiência de observar a Terra por inteiro como um astronauta, mas podemos nos valer dessa percepção íntegra e sem fronteiras do globo terrestre para decidir como levar nossas vidas com os pés no chão. Em momentos de dificuldades agudas, lançarmos mão da capacidade de cooperação mútua é determinante, lembra Cortella. A ideia de "cada um por si" pode até vigorar em tempos de águas mais calmas. Na tempestade, a necessidade do "um por todos e todos por um" fica evidente.

– Quando nos encontramos em impasses muito fortes, temos a necessidade de conexão – afirma Cortella.

Autor de *A Diversidade: Aprendendo a Ser Humano*, entre muitos outros livros, Cortella acredita que a habilidade de construir pontes com outras pessoas, que não necessariamente concordam com a nossa opinião, pode ser aprendida. Assim como a biodiversidade preserva a vida, a diversidade humana constitui um patrimônio compartilhado, não um fardo. Para usufruir dessa preciosidade, é preciso desenvolver a habilidade de comunicação e identificar seus próprios preconceitos para então se aproximar de alguém com generosidade. Parece muito otimismo? E é. Para ele, o otimismo tem a ver com gratidão à existência, ou reverência à vida, enquanto o pessimismo carrega a amargura da incapacidade de enxergar alternativas.

– Não há ninguém como eu, ou como você, no universo. Mas atenção: eu sou único, mas não sou o único. Se queremos caminhar juntos, temos de lidar com essa diversidade – alerta o filósofo.

Sua determinação em sonhar com uma sociedade plural e harmônica, mesmo diante de desafios complexos de hostilidade e intolerância, está longe de ser ingenuidade. Diante de dificuldades, Cortella lembra o ditado popular: "Ou senta e chora ou levanta e enfrenta." Ele está no time dos que preferem seguir e caminhar, ainda que sem abandonar as lágrimas.

Assim é também Lua Couto, idealizadora da plataforma Futuro Possível. Questões existenciais como "Quem sou eu?" e "O que estou fazendo neste planeta?" sempre a inquietaram. Através de um livro "casualmente" encontrado num workshop, o *Design de Culturas Regenerativas*, de Daniel Wahl, a pesquisadora descobriu que muitas das respostas para os problemas que estamos vivendo hoje estão na natureza.

– Esse planeta no qual a gente vive é *expert* em se regenerar, mas nós como sociedade estamos pressionando esses limites – avisa Lua.

Observar a potência de uma grande cachoeira muitas vezes já me deu medo – mas nunca havia entendido o porquê. Na conversa com Lua, ela falou sobre a nossa sociedade ser pautada pelo controle. Ao vermos a força do fluxo das águas, que existe para além do nosso desejo pessoal, somos colocados num lugar de humildade diante da vida. Observar nossa dimensão e papel frente a um contexto maior traz a clareza de que as perguntas que enfrentamos hoje são complexas demais para serem resolvidas por indivíduos isolados; há que ter engajamento e colaboração coletiva.

Os padrões e distrações atuais guardam uma lógica degenerativa. De maneira sistêmica, nos afastamos do meio ambiente (eu sou eu e a natureza está lá longe, acreditamos), nos afastamos da nossa comunidade (uma vivência minimamente participativa como uma reunião de condomínio parece ser pedir demais) e nos afastamos de nós mesmos (como é fácil esquecer que estamos vivos quando a cultura é da produção e do consumo, não é?). Mas, por trás de tudo isso, há uma essência regeneradora, que nos conecta conosco, com a comunidade e com o todo.

Acessá-la demanda sair de uma postura mental individualista - o que não é simples. As dificuldades práticas da experiência coletiva estão no fazer político e nas decisões que afetam a todos, por exemplo, mas também aparecem numa esfera mais íntima, como a da convivência direta do núcleo familiar. Como podemos nutrir relacionamentos que engrandeçam a potência dos envolvidos? Como lidar com a vontade de ser protagonista que tanto atrapalha o jogar junto? Eis um processo para uma vida toda, que inclui exercer a comunicação sensível e acessar um desejo de escuta tão profundo que é capaz de silenciar os julgamentos, desejos e expectativas que tomam nossa mente.

A minha existência precisa criar condições para a existência do outro. Se eu apago o outro, não estou sendo regenerativo.

Lua Couto

Neto de imigrantes japoneses, vindo de uma família de agricultores, o escritor Gustavo Tanaka encontrou na reconexão com a terra (aqui em letra minúscula mesmo) uma forma de entender melhor a vida e o seu papel. Agir como se uma beterraba ou uma berinjela viessem do pacotinho do supermercado, como a rotina numa cidade grande pode sugerir, não mais lhe satisfazia. Ele queria saber de onde vinham os alimentos que comia.

- Venho tentando entender como faço para cuidar melhor do planeta Terra, me reconheci como uma célula dele - conta Gustavo.

No processo de cuidar de uma horta, passou a cultivar ensinamentos sobre paciência e também confiança. Cuidar de um pedaço de terra é cuidar também da Amazônia e da Terra como um todo, tudo está interligado. Ao colocarmos uma semente no solo, não estamos vendo o que está acontecendo debaixo da terra, mas confiamos que, cuidando, dali a pouco ela vai nascer. Foi um dos jeitos de entender que tudo está se movendo. Quando estamos sozinhos, no computador ou olhando para as paredes, diz Gustavo, começamos a achar que tudo gira em torno de nós. Num lugar mais aberto, como uma praia ou montanha, realizamos que somos parte de algo muito maior.

Ainda que um tanto de céu e nuvens ajudem na ampliação da percepção da vida, sempre dinâmica, Gustavo descobriu outras formas de experimentar esse dinamismo. Uma delas, o Círculo de Virtudes, mistura arte, autoconhecimento, meditação e música. Os participantes fazem uma partilha de vivências e insights sobre um tema proposto (no fim de 2019, quando participei, o mote foi flexibilidade).

O formato em roda traduz sua busca por uma forma mais orgânica de viver, menos quadrada, menos engessada. Abre-se um espaço para que a vida possa se manifestar, o que depende de certa espontaneidade. É em nome dela que Gustavo refuta os conselhos que sugerem "pensar duas vezes". Daí a pessoa já se confundiu. Para fugir da armadilha de pensar demais, podemos focar em sentir e compartilhar.

– Todo mundo é mestre, todo mundo pode ensinar e pode aprender com todo mundo – defende ele.

Dedicado a dividir o conhecimento da ayurveda por meio da plataforma Vida Veda, Matheus Macêdo conta sobre um exercício silencioso de contemplação da conexão que ele faz todas as manhãs. Consiste em simplesmente sentar, onde quer que esteja, e parar para entender como tudo que está à sua volta veio de outro lugar. Agora, por exemplo. O papel que você segura vem da madeira de uma árvore que foi beneficiada por uma ou mais pessoas. Caso esteja segurando um celular ou tablet, provavelmente também não foi você que desenvolveu esse produto. Em 5 minutos da prática, dá para pensar em tudo: na tinta da parede, nas folhinhas do chá, no algodão da roupa...

– Eu contemplo o quanto a minha vida é conectada a outras vidas. Todos respiramos o mesmo ar, existe uma conexão inescapável na vida humana – fala Matheus.

Não importa se concordamos com a opinião de alguém, se gostamos ou não gostamos dela, se estamos perto ou em continentes distantes: em algum momento, o ar que aquela pessoa expirou, nós vamos inspirar. A nossa separação dos outros é ilusória. Para fazer as pazes com esses laços, Matheus sugere um segundo exercício. Todo dia, dentro do seu campo mental, escolhe cinco pessoas para dar um abraço e desejar que elas sejam felizes. Começa com a mãe, um amigo, depois vai para alguém neutro e depois duas pessoas que estão atravessadas na sua garganta. E aí, nesse ponto, como superar a barreira?

– Penso que eu não sei quem ela é, se ela está sofrendo, mas nós estamos muito interligados, na mesma casa. É do meu interesse que ela seja feliz – ensina Matheus.

Essa vontade está na base de um modo de viver mais sustentável – ainda que muitas vezes não tenhamos clareza por onde começar. Engenheira ambiental, Aline Matulja busca desenvolver um senso de ecologia profunda que transforma a maneira como lidamos com os outros em sociedade e também com as causas ambientais. Ela gosta de trabalhar em mutirões, seja para plantar uma agrofloresta ou construir banheiros em comunidades sem saneamento básico, e encontra nessa força coletiva um jeito de ir na contramão do ensimesmado caminho do "Eu vou salvar o mundo."

– Esse "eu" já está tão isolado que, nesse pensamento, você não vai salvar nada. Nós vamos salvar o mundo – e um "nós" muito maior do que a comunidade humana – diz Aline.

Todas as espécies, os animais, as plantas, os minerais, tudo que está aqui participa desse processo. Um pensamento antropocêntrico, diz Aline, não vai fazer nem cócegas na resolução do volume de destruição que enfrentamos. Uma parte importante, porém, cabe aos humanos. É preciso reverter a lógica de degeneração que a comunidade humana adotou, uma noção de prosperidade que ataca o equilíbrio do próprio sistema que nos suporta. Os desafios são grandes, é verdade. Como olhar para tudo isso sem se sentir sobrecarregado? A primeira coisa é dar uma grande respirada profunda e retomar um sentimento menos prepotente, de humildade em relação a toda existência.

Com menos arrogância, podemos buscar reintegrar a comunidade humana no ecossistema do qual ela faz parte. Retomando a nossa essência, que compreende que existe em relação com o todo, mudamos o padrão gerador de todas as relações. Daí a ecologia profunda estará na forma como nos alimentamos, lavamos a roupa, consumimos, fazemos tudo...

As mudanças são urgentes e intensas, e por isso mesmo Aline acredita que elas não virão da repreensão. Por moralismo, até podemos fazer algumas mudanças, mas elas vão só até a página dois, logo desistimos. O caminho empático, por outro lado, é duradouro, porque transforma de dentro para fora. Parece um papo alternativo demais? Pois Aline conta que aprendeu a agir assim observando a natureza. Entrando numa floresta, por exemplo, conhecemos plantas diferentes que se complementam, como se uma existisse para fazer sombra para a outra.

Quando você observa a natureza, você aprende mais sobre amor incondicional.

Aline Matulja

Sua visão amorosa ultrapassa qualquer visão utilitarista que podemos tentar emplacar com o nosso entorno. Não é pela utilidade para um humano que o valor de algo pode ser medido.

Fora do contexto da engenharia ambiental, no dia a dia de uma cidade grande, Ana Paula Passarelli, a Passa, da agência Brunch, passou a questionar atitudes que quase passam batido (mas não deveriam). Quantas coisas nós consumimos no dia a dia? Quantas dessas coisas eram *realmente* necessárias? Essas perguntas vieram com força na gravidez da filha Emma. No lugar das listas gigantes de enxoval e itens que todo-quartinho-de-bebe-precisa-ter, ela começou a se preocupar com o legado que deixaria para as futuras gerações. Como deixar um mundo que fizesse sentido?

– Se a gente não mudar nossa relação com o consumo, pode ser que não tenha planeta por muito tempo – diz Passa.

A necessidade de repensar nosso consumismo, para Passa, contempla o olhar amplo para o mundo como um todo, mas se reflete no microcosmos de suas gavetas. Aliás, tudo começou nas gavetinhas, quando as coisas não cabiam mais e foi preciso pensar o que fazer com o acúmulo. Hoje em dia, comprar é uma forma de pertencer a um grupo e se posicionar na sociedade: mas o compra-compra desenfreado não traz a satisfação esperada, e corrompe a nossa sustentabilidade. Tudo que ela foi descobrindo virou tema de vídeos em seu canal no YouTube. Ali, ela afirma que uma casa minimalista não precisa ser uma casa de cores sóbrias ou com menos alegria, de jeito nenhum. Mas pode ser um espaço com menos desperdício e comparações.

– Ter menos coisas também é sobre o afeto daquilo que ficou – completa Passa.

Diante do excesso de coisas dentro dos cômodos e de notificações no nosso celular, será que não estaria no momento de voltar para o mais simples? É o que Passa pensa para dar novos significados para o que significa ser bem-sucedido. Ainda que tenha existido o seu processo de despertar individual, ela reforça a relevância de uma ação coletiva. Em uma cidade como São Paulo, onde somos ensinados a ser individualistas e cada um cuidar da sua vida, um olhar mais coletivo é o que pode renovar o nosso cuidado com a própria história da cidade. No lugar de demolir imóveis antigos e construir algo novo, por que não reocupar esses espaços? Focados só nos resultados futuros, diz Passa, agimos como se fossemos burros de carga com antolhos: perdemos toda a jornada.

Para não perder a beleza ao redor, a balança que equilibra trabalho e casa não pode estar pendente demais para um dos lados. Se por um lado a profissão é um grande espaço de entrega e contribuição para os outros, por outro ela pode ser um dreno de energia. Apaixonada pelo que faz há mais de 10 anos numa grande empresa do setor de bebidas, Mariana Holanda sempre deixava o trabalho ganhar disparado nesse pêndulo. Mas crises de ansiedade e pânico em sequência a fizeram repensar suas prioridades.

No universo profissional, onde a performance e o desempenho vêm em primeiro lugar, Mariana precisou de coragem para expor publicamente suas batalhas. Mas ela não era a única enfrentando dificuldades e a sua disposição para tocar nesses assuntos delicados a levou à liderança do debate sobre bem-estar emocional e mental dentro da empresa de 30.000 colaboradores em todo Brasil. Mariana assumiu a diretoria de saúde mental na companhia com clareza da urgência de estabelecer mais equilíbrio.

– Se a gente não olhar para a sustentabilidade do ser humano, a gente vai perder o ser humano – pontua Mariana.

Quando começou a se dar conta de como os relacionamentos interpessoais eram muito duros, Mariana entendeu que o despertar de consciência dentro do ambiente corporativo necessariamente passava pelo processo de autoconhecimento. Ela passou por um momento de reconhecer suas próprias feridas e qual era o seu papel em mantê-las abertas. Só assim, mais cientes de nossas próprias demandas, inclusive emocionais e mentais, é que se torna viável mudar a mentalidade de um grupo ou uma empresa.

Outro desafio é estar dentro de uma organização e não confundir quem você é com o seu trabalho ou com alguma função que exerça. O jornalista Fernando Rocha, que por trinta anos foi da Rede Globo, assume que já se confundiu muito. A história de que "você não é o seu crachá" chega ser óbvia quando descobrimos isso, mas durante uma caminhada de muito tempo no mesmo local de trabalho, é mais difícil. A empresa passa a ser seu sobrenome, o que não impede que uma demissão aconteça de uma hora para outra, como foi o caso com Fernando. Diante do inesperado, decidiu que não queria ir atrás de um plano B, mas de um propósito, que valesse por todas as letras do alfabeto.

– Quando você perde o chão, você pode cair ou pode voar – acredita Fernando.

Para exemplificar o que entende por resiliência, Fernando fala da água: ela assume forma de vapor, de nuvem, de cachoeira, de rio, mas não deixa de correr para o mar. Para ele, a água também é um sinônimo da verdade – pode ser buscada em diversos campos de estudo, sempre estará lá.

No caso do cozinheiro e empreendedor Raphael Despirite, foi a sede de conhecimento que o levou para o estudo da filosofia, em especial o estoicismo. A escola dá especial atenção ao discernimento do que é possível controlar do que não é possível controlar. Um exemplo? Podemos controlar a nossa disciplina de escovar os dentes todos os dias para evitar cáries. Mas não podemos controlar um tropeço eventual na rua que nos faz quebrar um dente. Muito estressados com o que não está nas nossas mãos, deixamos de fazer o que de fato era possível fazer: como arrumar a gaveta de meias ou tratar corretamente do destino do seu lixo. Sempre com tiradas engraçadinhas, Raphael fala do conceito estoico do *Amor Fati*, ou "amor ao destino". Ele prefere chamar de "abraçar a granada", compreender o que está acontecendo e entender como é possível reagir a isso. Não é sair dizendo "uhul" para tudo o que acontece, mas é ter autonomia para escolher como reagir, seja nos desafios do empreendedorismo ou da vida.

– É a história do Titanic: um dia você grita "Eu sou o rei do mundo" e no outro é "Rose, dá as boias que nós vamos afogar". A vida tem esse vai e volta – brinca Raphael.

Nesses movimentos cíclicos e complexos, quanto você se permite uma pausa? Vamos nos forçando, nos forçando, nos forçando... Até que um dia o limite chega e a corda estoura. O jornalista e escritor Patrick Santos chegou bem perto do burnout quando decidiu que era hora de parar. Dominado pelo medo, como se tivesse que estar sempre produzindo, ele não se dava espaço. Foi da pausa que ele tanto temia, porém, que vieram suas maiores entregas, como o livro e o podcast *45 do Primeiro Tempo* e o documentário *Pausa – O Intervalo do Mundo*.

– Você não acha soluções se não abrir espaço. É preciso descomprimir de alguma maneira. Pausa também é movimento – diz Patrick.

Antes imerso no tenso universo da cobertura política, Patrick decidiu tirar um período sabático. Não embarcou em nenhuma grande viagem para o exterior, mas reservou um tempo para repensar a vida e caminhar nas ladeiras do seu bairro, Perdizes. Caminhar ajudava a engrenar os pensamentos e também entender melhor os mecanismos da nossa própria mente que regem a vida em sociedade. Foi caminhando que ele observou que, num ponto onde havia um alto índice de acidentes, foi instalada uma placa de conversão proibida. No início, as pessoas respeitaram a lei do trânsito. Logo depois, para ganhar tempo e encurtar o caminho, 8 de cada 10 carros passaram a cometer a infração.

– Isso diz muito sobre nós. Estamos sempre de fora, julgando, só que a gente não se olha – afirma o jornalista.

É preciso assumir a responsabilidade pelas nossas decisões – e também pelo bem-estar. Não adianta terceirizar essa parte para outras pessoas. Seria a meditação uma forma de se apropriar dessa tarefa? A experiente professora da técnica de atenção e consciência plena Solange Viana fala que o mindfulness não serve para nada – o que serve são pessoas praticando mindfulness. O processo de mudança não vem de uma aula ou curso que fazemos e deixamos as anotações na prateleira (para nunca mais olhar, na maioria das vezes).

– A transformação acontece com a constância. Não vou me transformar uma vez por um ano no retiro, a transformação é diária, aquele famoso orai e vigiai – diz Solange.

Além de ministrar cursos de autoconhecimento no ambiente corporativo e compartilhar aprendizados na campanha Escolha a Calma, Solange atua em São Paulo no Conselho Regional de Meio Ambiente, Desenvolvimento Sustentável e Cultura de Paz como representante da sociedade civil. Seu maior sonho é que pelo menos no território que ocupa, próximo de onde mora, ela possa contribuir com a vizinhança, com a escola do bairro, com o posto do SUS.

– Quero trazer um pouco mais de consciência de um olhar não violento, mais compassivo e generoso com essa comunidade – compartilha a professora de meditação.

Conseguir enxergar e expandir essa humanidade compartilhada é o próprio motivo da nossa existência. Professora da escola de filosofia Nova Acrópole, Lúcia Helena Galvão conta de um artigo de um economista que a impactou profundamente. Ele calculava o "custo" de uma vida humana, quantos recursos um humano consumia em 70 anos – e qual era seu aporte para a natureza. A possibilidade que a sua própria existência gerasse prejuízo lhe deu um frio na espinha. Mas como contribuir? Certamente não seria entregando o que uma árvore entrega, por exemplo. A natureza espera de nós o que só os seres humanos podem dar: os valores humanos.

O homem se realiza sendo aquilo que nasceu para ser, humano. Responder a vida de forma humana é promover o bem.

Lúcia Helena Galvão

Atos generosos, fraternos, humanos, são o que nos trazem um estado de equilíbrio emocional fora do comum porque, quando fazemos isso, estamos fazendo o que nos corresponde. Foi o que descreveu Platão ao colocar o conceito do "bem" no coração das suas ideias. Contrariando a sabedoria platônica, nosso egoísmo atual nos torna cegos para essa virtude. A sociedade transformou o "bem" apenas em advérbio e esqueceu do "bem" como substantivo.

– Tiramos o foco de beneficiar o mundo para simplesmente ter uma passagem prazerosa por aqui – analisa Lúcia Helena.

O bem-estar, afirma Lúcia Helena, vem do bem-fazer, que nada mais é do que buscar servir ao Bem! A grande ironia é que o nosso descolamento do objetivo de fazer o bem é o que nos afasta de nós mesmos e gera sensações de desconforto e solidão, incompatíveis com o prazer que tanto achávamos que queríamos. Um sábio não faria isso, certo?

Dedicada à filosofia, palavra que significa justamente amor à sabedoria, Lúcia Helena precisou durante muito tempo imaginar como era um sábio. Como é um sábio quando acorda pela manhã e pega um engarrafamento? Como é um sábio que tem um chefe como o meu? Numa cartolina colada na porta do armário, ela colocava todas as menções à sabedoria que encontrava. Era preciso buscar uma referência para cultivar em si as características de um sábio, não simplesmente ser formatada pelas imagens que a sociedade oferece.

Na sabedoria está a liberdade de não deixar que as circunstâncias do mundo ditem a nossa resposta. O ideal do sábio é não ser escravo de nada, exercer o seu livre-arbítrio. Ainda que a expectativa de atingir plenamente esse estado pareça distante, Lúcia Helena reforça que apenas a boa vontade de aproximar-se da sabedoria já é benéfica. Ela lembra da parábola que conta de uma pessoa que brigou com o sol e fechou todas as frestas para a luz não entrar. Quando ela decidiu fazer as pazes e abrir as portas, lá estava o sol, na mesma distância de antes, já iluminando.

– Só a disposição de entrar em contato com a ideia do sábio, onde eu estou, já me ilumina – divide ela.

Com humildade e curiosidade, podemos buscar no conhecimento dos grandes pensadores mais ferramentas para lidar com nossa própria existência. Se precisamos mexer na televisão, chamamos um técnico. Para os assuntos da vida, porém, achamos que sabemos de tudo. Há uma grande possibilidade de aprendizado filosófico, desde que não nos tornemos "acumuladores de conteúdo". Se você não acrescenta sua experiência ao que aprende, se torna um mero memorizador. Em contato de verdade com a filosofia, podemos entender que colaborar com o todo nada mais é do que reconhecer a nossa unidade.

Lúcia Helena descreve uma bonita imagem. Numa praia, de frente para o mar, traçamos um sulco com o dedo na areia. Na sequência, traçamos um outro sulco. Vem o vento ou a água e logo essa divisão é apagada. Será que eram de verdade dois sulcos ou apenas tudo areia, momentaneamente dividida? Ela cita o livro *A Voz do Silêncio*, de Helena Blavatsky, que fala sobre a heresia da separatividade, essa visão de que somos separados do todo, como o maior mal do mundo:

– A maior parte de nós são os outros. É impossível que meu ato cause prejuízo ao todo e eu não seja prejudicado junto.

Não se trata de religião ou espiritualidade, é uma questão de lógica. Acreditamos que o egoísmo é a lei da sobrevivência, desconsiderando o fato que estamos interligados. É como uma célula que acredita se beneficiar ao prejudicar o próprio corpo do qual ela faz parte. Criamos metas profundamente egoístas, incentivamos a mentalidade da competição em que é preciso vencer sobre alguém, e não junto, e depois reclamamos que o mundo está cada vez mais caótico.

– Nós pensamos que a unidade é só um ideal utópico, mas é uma necessidade de sobrevivência – defende Lúcia Helena.

Mas e a nossa vontade de ser visto como diferente, de se destacar em meio a multidão? Por trás dela, se retirarmos a última máscara, Lúcia Helena vê abafada a necessidade de conhecermos a nós mesmos. Não aguentamos o anonimato da nossa própria consciência. Estranhos a nós mesmos, tentamos buscar no reconhecimento dos outros o que só o autoconhecimento poderia trazer.

– O sumo ato de inteligência é a identidade: achar quem é você dentre tudo aquilo que te sugerem ser.

O que somos age em unidade com o todo, é cuidadoso, busca a beleza e a harmonia, como formiguinhas que vão atrás do açúcar. Em contato com a nossa identidade, cientes de onde estamos e onde queremos chegar, podemos encontrar entre tantos caminhos aquele que nós devemos traçar até o bem. Há uma parte que só eu posso fazer, há uma parte que só você pode fazer, é verdade. Mas que não haja engano: nossos resultados, invariavelmente, estarão unidos.

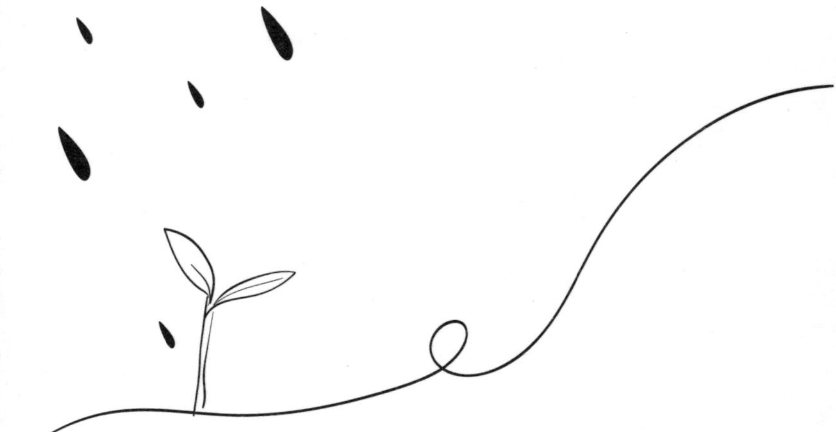

ILUMINAR O CAMINHO

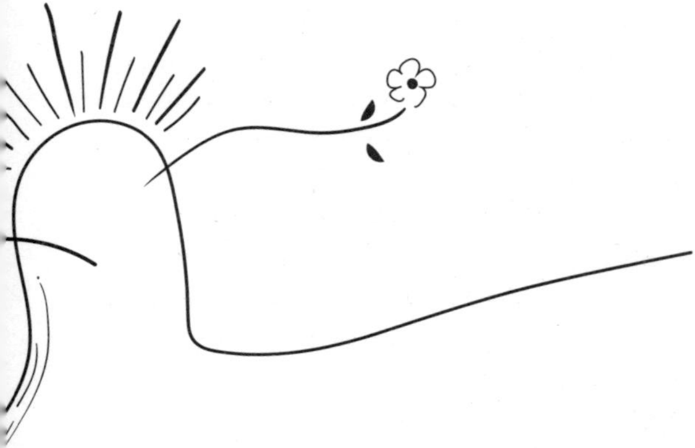

Num ambiente escuro, qual o impacto de uma luzinha que se acende? Se estivermos em um acampamento distante com amigos, o único que lembrou de levar a lanterna pode ajudar o grupo todo a achar seu rumo. Se estivermos em uma sala de cinema, uma pessoa que insiste em abrir o celular para checar notificações pode roubar a atenção de várias fileiras ao redor. De uma forma ou de outra, é impossível ficar indiferente à luz. Assim é também o processo de elucidação dos nossos pensamentos, emoções e intenções. A clareza de um ilumina o caminho de todos.

Monja Coen fala da natureza iluminada presente em todas as coisas: a natureza-buda. Havia lido sobre essa expressão no seu livro *O Que Aprendi com o Silêncio: Uma Autobiografia*. No texto, ela conta da percepção de que tudo é feito da mesma matéria-prima, como se tudo fosse feito de ouro. Como um rio vivo e transparente que é contaminado por lixo que despejamos em seus afluentes, perguntei se a nossa mente não seria brilhante em sua natureza, e apenas acobertada por nossa sujeira. Ela respondeu que tudo o que existe, tudo mesmo, é a natureza-buda manifestada, até a sujeira, até a bagunça que fazemos em nossos processos mentais e as escolhas equivocadas.

Foi a primeira vez que ouvi tal proposição – e minha feição de incompreensão deve ter me denunciado, porque gentilmente ela sorriu e seguiu a me explicar, desta vez com um exemplo usado pelo monge Thich Nhat Hanh. Ele fala que ao mostrar um monte de lixo e uma flor para uma pessoa, certamente ela dirá que prefere a flor. Mas, em profundidade, pode enxergar que o lixo virará alimento para a flor e a própria flor também virá a ser lixo. A flor de lótus nasce do lodo, mas é imaculada em seu interior e em suas pétalas. Nossa mente também é assim: capaz de comportar pensamentos perversos e pensamentos de amor.

– A diferença é perceber. Esse perceber é que chamamos iluminar – ensina Monja Coen.

Quando percebemos o que está regendo nossa mente, diante da iluminação de toda complexidade da natureza humana, podemos fazer escolhas. Colocando luz sobre a forma que tratamos nossos rios, por exemplo, podemos escolher ao invés de jogar resíduos químicos na água, tratá-los e descartá-los apropriadamente. Com a nossa mente, ao percebermos que começamos a olhar o mundo com olhos cinzentos ou valorizar pensamentos que não são benéficos para nós nem para quem nos cerca, podemos procurar um caminho de sabedoria para nos tirar desse ciclo.

Temos uma oportunidade de aprender a fazer o bem nesta vida que convém não desperdiçar – e Monja Coen certamente não desperdiça a sua. Fundadora da Comunidade Zen Budista Zendo Brasil, ela conta como, através de práticas meditativas, nos tornamos absolutamente livres para atuarmos no mundo com mais leveza. Para compartilhar seus ensinamentos e mostrar que é uma pessoa comum, não um ser extraordinário, não teme expor nada. Do tempo vivido no monastério no Japão, conta tanto da experiência de tocar o sino quanto da de lavar as privadas. Em silêncio, os momentos de luz e os momentos de sombra servem igualmente para olhar e tomar decisões mais adequadas. Na sua visão, os assuntos ligados à espiritualidade não se desconectam do mundo. A meditação é uma base para você atuar na realidade, em prol da vida:

– Como nós podemos estar no mundo sem sermos maculados pelas coisas do mundo? Não é sair do mundo, é estar, sentir, perceber e transformar.

Em grande intimidade com o que somos, Monja Coen ensina que podemos nos ver como um fruto que é mantido vivo por tudo o que existe, somos o todo manifesto, não um pedaço do todo. Tudo o que fazemos, falamos e pensamos mexe na trama da existência. Ao decidirmos sermos éticos, ainda que ninguém ao nosso redor esteja fazendo essa escolha, podemos ser o ponto de partida para inspirar a mudança do entorno. É o caminho da iluminação e da expansão da consciência, que começa a se espalhar para os outros e é capaz de salvar a humanidade de si mesma.

– Não há pressa nisso, só urgência – diz a Monja.

Para cuidar desse despertar com urgência (mas sem perder a calma), é preciso sair das nossas historinhas autocentradas e abandonar o julgamento. Todos os dias, desde 2014, é isso que eu aprendo com Kaw Yin e Yan Yin, fundadores da escola Coexiste, onde estudo junto de muitos alunos determinados a amar incondicionalmente. Por mais que as circunstâncias estejam frenéticas, nós podemos não reagir de acordo com os nossos condicionamentos. Ser livre para não julgar significa sustentar uma postura de observação diante de todas as cenas (as que dizemos que deram errado e as que deram certo) para localizar quais são as reais demandas. A sensação de utilidade que vem de servir a um contexto, contribuir para a solução de um impasse, é das mais transformadoras e deliciosas que existem.

> **Mudar o mundo é mudar as pessoas que habitam o mundo. E você consegue mudar mudando a sua própria mente. Cada um faz a sua parte.**
>
> Kaw Yin e Yan Yin

O trabalho de despertar a consciência passa por se abrir para as questões existenciais. No modo automático de acordar, comer, estudar, trabalhar, reclamar, buscar uma distração, dormir e repetir tudo de novo, não perguntamos os porquês. Por que realizar uma ou outra tarefa? Buscar no âmbito do próprio fazer uma resposta resulta numa sensação de vazio.

É possível, porém, aquietar a mente e buscar uma motivação do âmbito da nossa existência. Antes mesmo de fazer algo, eu existo. Antes mesmo de pensar algo, eu existo. Como é essa minha existência?

– A calma é o nosso estado natural, mas as pessoas foram treinadas para perder a calma – completam Kaw Yin e Yan Yin.

Quanto mais nos conhecemos, mais ficamos em contato com a nossa essência calma. Mas é preciso treino para manter esse estado natural. Kaw Yin e Yan Yin lembram que somos titulares da mente e podemos escolher trocar a preocupação pela contemplação do presente. Com treinamento, é possível sair da sensação de mente turva pelo medo e acessar um estado de gratidão que mantém a nossa vista clara. É um processo alegre (o que é diferente de eufórico) e coletivo.

No relacionamento com esses devotos professores, aprendi que não era preciso me "proteger" das pessoas, eu poderia aceitar o carinho e a bondade que sempre estiveram em mim e em todos. Observando como eles se relacionam, entendi que havia, sim, um outro jeito de viver, em unidade. A paz desse encontro ensina a confiança, a honestidade, a tolerância, a gentileza, a alegria, a ausência de defesas, a generosidade, a paciência, a fidelidade e a mentalidade aberta. São atributos sutis, mas concretos, que eliminam qualquer barreira de contato com o amor. A gratidão que sinto por tudo que me é entregue por eles não cabe nas palavras. Como agradecer pelo amor? Com o Jornada da Calma, eu descobri. O amor se agradece amando, e é assim que caminhamos mais firmes até a iluminação.

Foi o livro *Um Curso em Milagres*, o Ucem, que estudo com Kaw Yin e Yan Yin, que me uniu a Mariana de Oliveira. Nos conhecemos durante a apuração de uma reportagem de capa sobre os 70 anos da AACD. Na ocasião, ela me contou que seu filho, o Dudu, nasceu com mielomeningocele, uma malformação da coluna, e passou a fazer tratamento na AACD. De mãe de paciente, Mariana virou também paciente. Ela tem doença de Crohn e sofreu uma perfuração intestinal que evoluiu para uma infecção generalizada. A amputação das pernas e dedos das mãos foi inevitável. Ao final da entrevista, quando o gravador já estava desligado, ela me contou que havia visto uma foto minha lendo o Ucem – e que ela também buscava ali um entendimento maior de todas as experiências vividas no mundo.

– Milagres são pitadas diárias, acontecem o tempo todo. Quando eu acordei do coma, vi que o milagre estava se fazendo presente, pois minha consciência estava comigo – lembra Mariana.

Apoiada em sua fé e numa grande vontade de voltar a viver, Mariana passou a entender a importância da calma na sua reabilitação. Antes de caminhar com as próteses, ela sabia que precisava reaprender a sentar e aguentar o peso do seu corpo em partes que não estavam acostumadas. No seu ponto de vista, ela teve um problema de saúde – mas voltar a andar após as amputações não era um problema, era um desafio. Um processo. Sua disposição para questionar o que realmente é um problema inclui um exercício de permissão para recomeçar, deixar no passado o que precisa ficar para trás e adquirir o discernimento sobre o que é necessário permanecer.

Como mãe, ainda na gravidez, precisou rever seus próprios conceitos e se fortalecer para lidar com os preconceitos capacitistas da sociedade. O sofrimento vivido em intensidade, porém, não bloqueou a vista da grandeza da vida e suas possibilidades. Como mulher e talentosa palestrante, ela busca hoje sua identidade para além da superação dos obstáculos, na realização de pequenos desejos, no prazer e na força de aprender que a perfeição está na adaptação. Ainda que as pessoas possam ter histórias diferentes da sua, Mari decidiu fazer da sua história um instrumento porque ainda há muito para ser feito para melhorar o nosso bem-estar:

– Querer o que nos faz feliz é muito importante.

Foi em busca da sua felicidade – e de contribuir para o caminho de mais pessoas – que Samuel Pirondi topou deixar a carreira corporativa para fundar uma plataforma de educação, a Ruka Education. Ele se questionava muito sobre o que era sucesso. Status? Carreira? Acúmulo de riqueza? Esses muitas vezes são nossos indicadores chaves de performance, ou *key performance indicators*, os *KPIs* do mundo dos negócios.

– Lá no final da vida, eu prefiro ter outros *KPIs*, quero mais tempo com a minha família, mais pé na grama – afirma Samuel.

Ao redirecionar suas prioridades, passou a expandir seu entendimento sobre o conceito de inteligência. Ela vai além do QI, da inteligência intelectual, e também da inteligência emocional, que contempla nossa sabedoria para lidar com as emoções de forma diferente dos animais (e de qualquer inteligência artificial, ele ressalta). Samuel fala da inteligência espiritual, que busca dar sentido à vida, conectar nossas habilidades em um propósito para viver intencionalmente.

Viver intencionalmente. Deliberadamente. De propósito mesmo. Por escolha. Tem jeito mais gostoso de viver?!

Num mundo cada vez mais caótico, volátil, complicado, ele enxerga a necessidade de escolher um caminho mais consciente. No modo "deixa a vida me levar, vida leva eu", podemos acabar satisfazendo apenas o nosso ego, e esquecendo nossa identidade compartilhada. Como humanidade, temos propósitos maiores. Juntos construímos, conhecemos, crescemos. Somos mais que ferramentas de produção, somos complexos. Para entrar em contato com isso, muitas vezes teve que se perguntar quem ele era além do seu trabalho. É uma forma de pausar a correria e achar o eixo.

– Amo acordar e me lembrar que não sou uma máquina – conta Samuel.

Para falar da nossa fixação pela performance, a psicóloga e professora de yoga Lilly Hastings usa a imagem do alto da montanha. Costumamos considerar a felicidade uma conquista, o topo de um Monte Everest da alegria. No yoga, ela começou a investigar a felicidade como contentamento, ou santosha. É um sentimento de satisfação menos ligado às circunstâncias externas e mais conectado a um estado de espírito interno. Para ela, santosha é poder estar contente, mesmo quando triste, porque a vida não está aqui para nos prejudicar. Diante da impermanência do mundo, atingir e manter um estado de contentamento não é desconsiderar os choques da realidade, mas buscar amparo e também amparar quem está ao nosso redor.

– Aprendi que uma estrela que não brilha não pode iluminar – diz Lilly.

Para inspirar transformações nos alunos, Lilly lembra do poder de ação que todos nós temos. Quantas pessoas cada um não impacta a cada dia? Por isso é importante estarmos atentos aos nossos posicionamentos e intenções – mas sem querer controlar tudo.

Você já se percebeu querendo controlar tudo, ou quase tudo? Eu já – e a Chirles de Oliveira, criadora do projeto Felicidade Sustentável e organizadora do Dia Internacional da Felicidade, também. Por medos internos, investimos numa campanha impossível de colocar todas as variáveis dentro dos nossos padrões. Assim desconsideramos os fluxos contínuos de aprendizados e as próprias oportunidades de libertação dos nossos padrões que se apresentam.

Ao perceber um padrão de comportamento, temos um insight, que pode vir acompanhado de uma vontade de mudar. Para Chirles, ele representa só 20% do caminho da transformação: 80% do trabalho está no exercício, no treinamento dessa mudança. É preciso praticar para que as teorias bonitas não fiquem só no campo teórico. Para Chirles, há uma referência para conhecer o paradigma do amor:

– A natureza nos ensina a confiar, ensina que existe abundância.

A ligação do meio ambiente com a fartura é comum – mas não é a única possível. Psicólogo e escritor, Rossandro Klinjey fala da escassez do deserto em seu livro *O Tempo do Autoencontro*. Carismático e acolhedor em suas palavras, Rossandro já ouviu de muitos pacientes que ele não deveria ter passado por problema nenhum. Não é verdade. Ele atravessou períodos difíceis, nos quais faltava tudo e não havia ninguém à vista. No deserto, pode se desidentificar de quem era. Ao se despedir do passado, conseguiu assentar um lugar de partida para o novo. Fez do deserto um lugar de passagem, não um lugar de permanência. E não se furtou de compartilhar com as pessoas os altos e baixos pelos quais passou.

– A maior contribuição que eu posso dar é a minha própria forma de interpretar tudo que chega a mim, a nossa contribuição única para a humanidade – relata Rossandro.

Essa voz única não necessariamente é a mesma em todas as nossas etapas. Rossandro conta do hiato que há entre a pessoa que não queremos mais ser e a pessoa que ainda não conquistamos ser. Não é automático. Sem ressentimento ou ódio por quem já fomos, acolhemos com gratidão quem podemos ser agora.

No processo de autodescoberta, Rossandro enfatiza como é importante libertar-se de uma normatividade esmagadora. Sabe aquela idealização do que é um "bom filho" ou a "esposa ideal"? Quem teria competência para criar tais réguas e medir a todos? Longe das expectativas irreais que criamos, começamos nosso processo de "curadoria emocional". É preciso entender o que é realmente relevante para que entre no nosso coração.

A norma muitas vezes assume a forma de regras invisíveis que seguimos – sem nem saber porquê. Marcela Ceribelli, CEO e diretora criativa da Obvious Agency e apresentadora do podcast Bom Dia, Obvious, quebra diversas delas em público. Ela fala de se perdoar sempre, não importa se nos dias equilibrados ou nos muito desequilibrados. Almoçar em pé e bem rapidinho, para dar tempo de todos os compromissos profissionais e ainda fazer terapia, por exemplo, é bom ou ruim?

No momento de estabelecermos uma sentença para nós mesmos, tendemos a ser firmes demais e logo tachar a decisão, com culpa. Mas e se a situação for uma exceção, escolhida em nome de manter uma prioridade significativa para você? Há um equilíbrio possível no desequilíbrio – e um caminho para percebermos se estamos ou não sendo carinhosos conosco. Essa cobrança severa direcionada a si mesmo, você faria igual para a sua melhor amiga? Ou esperaria receber tamanha dureza vindo dela? Provavelmente não.

Quanto mais rígida a gente for, menos feliz vai ser. Você vai ter que se permitir mudar de ideia.

Marcela Ceribelli

Evitar a rigidez e desenvolver disciplina não são posturas excludentes para Marcela. Disciplina é liberdade – seja para praticar atividade física regularmente e cuidar da saúde ou comprometer-se com o descanso, necessariamente longe das telas. Se ainda não deu para meditar, por exemplo, tudo bem também. Podemos nos abrir com outras pessoas sobre as nossas dificuldades e conquistas, assim lembramos que não somos solitários nesse mundo, alguém já passou ou passará pelo que estamos passando.

Para ter coragem de fazer diferente, Marcela busca evitar a Síndrome do Spotlight. Sabe quando achamos o tempo inteiro que está todo mundo olhando para nós e julgando? Então. Na maioria das vezes, as pessoas estão mais preocupadas com o que os outros vão pensar dela do que pensando algo sobre alguém. É um desperdício de energia, que inclusive coloca empecilhos para as grandes mudanças que queremos fazer e só podem ser feitas por nós.

Outro dreno do nosso brilho é o medo de errar. Quem nunca quis acertar tudinho e chegar ao primeiro lugar do pódio? O caminho até lá, porém, é feito de mais erros do que gostaríamos de admitir. Daiane dos Santos, a primeira campeã mundial da ginástica artística brasileira, conta que a precisão e o rigor no esporte foram essenciais para as suas medalhas, é verdade. Mas grande parte do aprendizado veio do que não deu certo aqui e ali.

– Errar não é um fracasso. Fracasso é não tentar por medo ou desistir – ensina Daiane.

Hoje influenciadora esportiva, ela é gestora do projeto social Brasileirinhos, que utiliza o esporte como ferramenta de educação e desenvolvimento de mais bem-estar e saúde de crianças e jovens. Neste trabalho, o objetivo é educar através da ginástica, desenvolver autoestima e aumentar a qualidade de vida. Como menina de comunidade que teve a sua própria vida transformada pelo esporte, Dai sabe do impacto que causa no caminho de todos os alunos atendidos pelo projeto. Mas não se fecha jamais para o impacto que eles podem causar na sua vida.

– Sempre que a gente pensa no terceiro setor, e sabe da responsabilidade, pensa na oportunidade de ensinar. Mas e a oportunidade de aprender? – questiona Daiane.

Quando pensamos em como podemos nos transformar e transformar o universo no qual estamos inseridos, o conhecimento é a resposta. Historiador, escritor e apresentador, Leandro Karnal dedica-se a compartilhar conhecimento em diversas plataformas, mas nem sempre agrada a todos – na verdade, nem busca agradar de forma unânime.

Para lidar com as eventuais críticas da melhor maneira, parte do princípio que duvidar de si é sempre bom, pois não somos medidas universais nem infinitas. O abastecimento de conceitos formais filosóficos, os textos estóicos sobre a tranquilidade da alma e as meditações de Marco Aurélio, por exemplo, ajudam a encontrar a ataraxia, a indiferença diante do infortúnio. Fazer terapia há mais de trinta anos também ajuda. Mas o terceiro fator, para ele o que tem mais impacto, é a idade. Karnal fala do ditado espanhol que diz que o diabo velho sabe mais por velho do que por diabo.

Diante dessa frase (e da risadinha que veio na sequência), relaxei. Nunca acreditei que o tempo, por si só, amadurecesse ninguém: há jovens cheios de sabedoria e pessoas mais velhas que não se decidiram ainda por abandonar preconceitos ultrapassados. Mas é verdade que o processo de se autoconhecer demanda tempo – e caso esse tempo seja bem aproveitado, poderemos falar amanhã que nos conhecemos mais do que nos conhecíamos ontem. Karnal, hoje, diz que se conhece "um pouco" – ou ao menos mais do que se conhecia aos 18 anos. Para ele, o que o leva adiante é a disposição para se aproximar mais da verdade do que da vaidade:

Aprender me dá a sensação de estar vivo.

Leandro Karnal

Nas 100 primeiras conversas do Jornada da Calma, sinto que o que mais fiz foi aprender. Talvez por isso nunca antes tenha me sentido tão viva. Foi uma semente plantada no primeiro episódio – a conversa com Satyanatha, mestre em meditação que viveu por sete anos no Monastério de Kauai Aadheenam –, que floresceu. Nos encontramos pela primeira vez no final de 2018. Ele ainda não era o autor do lindo livro *Seja Monge*, mas já era um monge "infiltrado" na metrópole –- que me disse que amava a essência da vida e das pessoas e acreditava na luz que existe em cada um.

Ao convidá-lo para o programa e vê-lo topar sem hesitação, entendi que o desejo de achar caminhos para viver com mais calma não era um sonho só meu, era um sonho coletivo. Cabia a mim me conectar com as pessoas que já estavam nesse caminho. Mas será que iria dar certo? Teria eu, uma pessoa que não é calma 100% do tempo, condições de sustentar esse projeto? Inseguranças como essa e muita excitação pela estreia estavam por trás da minha agitação quando nos sentamos um de frente para o outro no estúdio. Respiramos fundo e acendemos uma chama interna juntos.

Satyanatha fala sobre agirmos a partir de quem somos. Isso significa não nos confundirmos com nossos fazeres. Numa cidade agitada como São Paulo, que nos leva para a hiperatividade, cai bem a decisão de buscar mais paz, claro.

Mas ele conta de monges no monastério que precisavam de uma decisão diferente, como a de buscar mais atividade.

Independente de qual seja o nosso momento, o que fizermos terá uma repercussão. Um de seus mestres falava que não era possível escolher não ter cheiro: ou somos perfumados ou temos um cheiro ruim, algo sai de nós quando passamos. Mais conscientes desse fato, o cuidado vem com mais naturalidade.

– Há uma beleza que vem de cuidar da expressão que você tem no mundo – afirma Satyanatha.

Ao contrário do que idealizava, aprendi com Satyanatha que os monges lidam com emoções fortes (não há streaming nem jantar fora para desanuviar). Pode ser a saudade da família que está longe, o incômodo gerado pelo monge que pegou a toalha alheia para se secar ou a fuga de uma guerra (como de fato aconteceu no Monastério de Kauai Aadheenam). Monges estão no mundo lidando com todos os tipos de ocorrência. Ao exercitar a meditação, porém, aprendem que podem acolher essas emoções. Apenas uma emergência, como uma explosão de raiva, demanda um bloqueio. Nos outros casos, essa raiva pode ser transformada em energia para varrer o pátio, por exemplo. A tristeza pode virar cuidado com o jardim.

Não é possível escapar da tempestade dentro de nós, mas respirando é possível aquietá-la.

A velocidade da respiração é a velocidade dos pensamentos.

Satyanatha

Um pensamento vem e ele traz outros quinze, todos demandando atenção imediata. Nesse momento, se diminuirmos a velocidade da respiração, podemos diminuir a velocidade do pensar. Satyanatha sugere a respiração da folha seca, suave como uma folhinha que vai descendo devagar. Parar para meditar não é analisar o que acontece, mas sentir e soltar. Ouvir atentamente é outra excelente ferramenta para aquietar os pensamentos e relembrar desse estado tranquilo que existe dentro de nós. Expressar-se também.

Felicidade, em sânscrito, tem cinco palavras. Uma delas descreve a felicidade de sentir que a sua energia está fluindo naquilo que é a sua expressão no mundo, criando algo bonito que nasceu do centro do seu ser. Quando ordenamos nossos pensamentos e ações, um profundo contentamento surge. Foi atendendo a um chamado interno que Satyanatha decidiu sair do monastério e voltar para dividir todas as ferramentas que tinha aprendido com mais pessoas.

– Meu próximo plano é tornar todo mundo um pouco monge. Espero espalhar essa paz para todo mundo ser 2% monge, no respirar, no falar, na maneira de agir.

Foi na confiança de que todos nós podemos ser um pouco mais calmos que o podcast nasceu no meu coração, depois tomou forma em cada uma das conversas para finalmente originar este livro. Se ele puder iluminar o caminho de uma pessoa para que ela possa enxergar melhor as belezas que acompanham cada passo, ele já cumpriu sua missão.

A NOSSA PRÓXIMA JORNADA

Viajar junto é um dos momentos mais gostosos (e reveladores) de qualquer relacionamento. Fora de casa, as coisas que parecemos controlar ficam mais distantes e dão lugar ao desconhecido. É na estrada, entre gratas surpresas e perrengues, que experimentamos a passagem do tempo de um jeito diferente, nos abrimos para conversas novas e encontramos a cumplicidade do silêncio.

Não foi por acaso que o Jornada da Calma ganhou esse nome. Ele é mesmo um caminho inspirado e muito bem acompanhado pelo qual nós, eu e você, decidimos seguir. E que jornada emocionante tem sido!

Por alguns instantes se deixar conduzir por uma conversa é uma forma de começar uma revolução do afeto. No momento da publicação deste livro, no fim do ano de 2021, nos aproximamos da marca de oitocentos mil plays no Jornada da Calma só na plataforma do Spotify. Quase oitocentas mil escolhas pela calma – qual o impacto disso num mundo que parece sempre prestes a explodir?

Nessa viagem que embarcamos, a mala que carregamos foi ficando mais leve a cada passo. É gostoso deixar pelo caminho as ideias fixas e o apego pela correria. Escrever esse livro foi um grande exercício de aprender a pegar mais leve. Espero que sua leitura tenha sido também uma chance de experimentar o gostinho da calma que nos faz deixar as coisas acontecerem exatamente do jeito que elas tem que acontecer.

Nós enveredamos por trajetos novos, nos perdemos entre pensamentos, nos achamos nas sensações compartilhadas. Só porque não desistimos de seguir, chegamos até aqui! Obrigada pela companhia, obrigada pela confiança, obrigada! Aprendemos a respirar fundo (quantas vezes forem necessárias), a encontrar um lugar interno de quietude, a contar uns com os outros e seguir nosso próprio ritmo.

Ainda faltam muitos passos, é verdade.

Sinto que chegamos no começo, não no fim. Mas diante do zilhão de pensamentos e das grandes decisões que ainda hão de ser tomadas, o coração encontrou descanso em simplesmente estar aqui e agora. Em qualquer ponto da nossa jornada, somos aceitos e bem-vindos. Com essa quietude, nos damos permissão para testar e descobrir qual o melhor caminho a seguir agora. Podemos observar a própria mente, investigar como cientista, meditar em ação, sentir profundo, fazer arte, ouvir o coração, colaborar com o todo, iluminar o caminho – não necessariamente nessa ordem, talvez um pouco de cada ao mesmo tempo, talvez de uma outra maneira que você descobriu (e que bom que você descobriu!).

Eu descobri que quero seguir com todos até onde a calma nos levar.

Obrigada por essa jornada linda que é viver. Até a nossa próxima viagem juntos.

Com Amor,

Helena

AGRADECIMENTOS

Sozinha, eu não chegaria até aqui. É com essa certeza no coração que eu gostaria de expressar toda a gratidão que sinto por todas as pessoas que construíram comigo esse lindo projeto.

Obrigada, Martha Ribas, por ter se aberto tão genuinamente para escutar o Jornada da Calma e ter me proposto transformar o podcast em livro. Seu brilho nos olhos em cada etapa do processo nunca me deixou esquecer quão feliz é esse caminho. Obrigada, Ana Paula Costa, pela serenidade inabalável e exatidão em cada comentário. Você tem sempre as setas precisas para nos indicar onde ir. Obrigada, Camila Perlingeiro, pela dedicação sem limites e pelos pés firmes no chão. Quero aprender sua maneira tão verdadeira de sentir e persistir. Obrigada por terem se unido na mapa lab e acreditado em mim.

Obrigada, Andrea Abelleira, pela determinação em concretizar esse sonho junto com a Editora Abril.

Obrigada, Antônio Sandes, pela sensibilidade para traduzir em arte o que na minha mente eram só palavras. Seus traços salvam.

Obrigada, Alessandra Balles, Arnaldo Lorençato, Raul Juste Lores e todos os amigos da Vejinha, pelo espaço seguro para criação e pelo incentivo para a expansão.

Obrigada, Raphael Bertazi, pela escuta presente e edição primorosa dos 100 primeiros episódios.

Obrigada, Satyanatha, pela gentil disponibilidade de participar do primeiro capítulo dessa jornada que até então não existia e me mostrar que ela poderia ir longe. Obrigada, Kaw Yin e Yan Yin e todos os professores e alunos da Coexiste pela devoção ao Amor – juntos, fica mais fácil descobrir o que viemos fazer aqui no mundo.

Obrigada, todos os entrevistados, pela partilha sincera e pela escuta atenta. Obrigada, todos os ouvintes, pela audiência mais afetuosa que existe. A bondade de vocês me emociona profundamente.

Obrigada a cada um dos 219 apoiadores da nossa campanha de lançamento. Foi graças a generosidade de vocês que esse livro pôde existir e eu nunca esquecerei tamanho voto de confiança.

Obrigada, família, por segurarem na minha mão e me amarem incondicionalmente, desde sempre. Graças a vocês, eu pude chegar até aqui mais inteira do que comecei.

Obrigada, Thi, pelo apoio tão gigante quanto o seu coração brilhante. Obrigada pelas risadas, pela compreensão e por me nutrir tanto (de comida e de carinho). Obrigada por escolher todos os dias caminhar ao meu lado para mais perto de Deus. A vida é macia com você.

Obrigada você, que chegou até aqui. Nossas histórias estão para sempre entrelaçadas e eu agradeço infinitamente por isso.

Lançar um financiamento coletivo é lançar-se no desconhecido: não há como adivinhar o resultado. Foram 46 dias de campanha e muitas emoções! A cada momento, porém, uma certeza crescia: nenhum de nós estava só. Ao olhar para os nomes de cada um dos apoiadores, meu coração fica cheio de gratidão. Fico lendo e relendo e sorrindo de alegria por vocês existirem. Com vocês, eu aprendi a confiança e a tranquilidade que está além das expectativas. É preciso muita coragem para largar a mão do controle, respirar fundo e receber tudo o que acontece. Vocês me ensinaram isso. Obrigada por acreditarem no poder da comunidade e da colaboração! Seguimos juntos e, por isso, mais fortes.

Adriane Artifon | Adriele Rosana Marchesini | Agnes Bacchi Dainese | Agueda de Araujo Bacchi | Alan Savio Macedo Ribeiro | Alessandra Balles Cestarolli | Alexandre Dip Hannemann | Alexandre Nascimento | Alexsandra Regina Dario | Aline Damas de Jesus Monteiro | Aline Viana da Cruz | Almir Brito Rodrigues | Amaralina Pereira | Ana Cristina Souza Gomes | Ana Paula da Silva | Ana Paula Gonçalves Rodrigues | Ana Paula Krevoruczka | Anderson Alexandre | André Spinola e Castro | Andrea Abelleira | Andréa Bomfim Perdigão | Andréa Dias Holmqvist | Andréa Marques | Andrea Silva dos Santos | Andréa Thomé Netto | Andressa Pereira | Angela Tampellini | Armindo Augusto Rodrigues | Artur Lopes | Barbara Guzman | Beatriz Bacchi Dainese Martins | Bruna Talini | Caique Sousa | Camila Bernardi de Godoy Gavino | Camila M. Paes | Camila Sabino | Camila Vieira Gil | Carla Barrichello | Carla Mendes Marques | Carlos Augusto da Fonseca Filho | Carol Altoé | Carol Camargo | Carol Pascoal | Carol Zulueta | Carolina Fogaça | Carolina Giovanelli | Carolina Pascowitch | Carolina Pisani | Carolina Ribeiro de Vasconcellos | Caroline Favero Santana | Caroline Vargas Corrêa | Catarina Cicarelli | Cecília Moraes | Celma Bezerra Costa | Chel Anderaus | Chirles Oliveira | Cinthia Alves | Cinthya Fernandes Higashi | Claudia Saraceni | Cristiane Dios Cechetto | Cristiane Rodrigues Pereira | Cristina Longhi | Daniel Bergamasco | Daniel Cunha | Daniel Dorneles | Daniele Bertolo | Daniele Moraes | Danielle Cristina Silva Costa | Dartagnan Macêdo | Débora Bassanezi da Costa | Débora Stadler Rosa | Debora Tiemi Fukumoto | Deusa Lima | Diana Szylit | Edgar Romao | Edna Mendes | Elaine Rosa | Elisa Kozasa | Elisa Leão Moreira | Elisabete de Morais | Elizangela Milanez | Elza Brito Rodrigues | Erivaldo Carneiro Junior | Estevao Alexandre de Paula Vieira | Estêvão Pinheiro | Estúdio pratiqueyoga |

Eveli Bacchi | Felipe Cassiano | Felipe Dorneles | Felipe Ispério | Felipe Pinheiro | Fernanda Alves | Fernanda Barbosa Nonato Federici | Fernanda Maria Ferraz Figueiredo | Fernanda Smelan | Fernando Galante | Fernando Mercês | Flávia Melo | Flávio Luiz de Noronha Santos | Frederico Ribeiro Raposo | Gabriela Correia | Giovanna Ferreira | Giselle Moraes | Giuliana Bergamo | Gracieli Gequelin | Graziele Koerich | Helena Maria Loterio Terentin | Heloísa Warken | Histórias de Ter.a.pia | Humberto Abdo | Humberto Pereira Figueira | Instituto Conservação Costeira | Iracema Fávero | Isabela Marie Muraguchi | Jackie Saiki | Jacqueline An Lih Cheung | Jairo Goldflus | Joana Mao | João Paulo Pacifico | Jorge Luis Pires | José Romão | Juliana Betim | Juliana Chimeli | Juliana Duarte | Juliana Lima | Julie Braghetto | Karen Androvics | Karina Costa | Karunya Stella Hormann | Kauê Rizk | Kenya Renata de Lima França | Krishna Ribeiro | Leandro Paulino | luan lovato | Luana Pereira Mota Ramos | Luciana Mehero de Campos | Luciana Zago | Luciano Brasil de Araújo | Luciano Vermaas | Lufe Gomes | Luigi Galante Dorneles | Luiza Meira | Marcela da Rocha Ambrosio | Marcela De Mingo | Marcelo Rangel Sartori | Márcia Hübler Mosko | Marcio Ballas | Marco De la Roche | Mari Rosário | Maria Francisca Gonçalves Rodrigues | Maria Isabel Neves de Campos Mello | Maria Luiza Rodrigues de Noronha | Maria Santos | Mariana Oliveira | Mariana Romão | Marina Bacchi Galante Dorneles | Marry Zerkowski | Marta Figueiredo | Martha Ribas | Melina Paula Silva Araujo | Melliane Mattos | Michele Lobo | Michelle Almeida Silva | Milena Souza | Monique Paoletti/TAO Public Relations | Nana Araujo | Natalia Souza | Nicole Alvarez | Nilce Helena Pereira | Nilson Junior | Ormene Dorneles | Paget Olivier | Pamella Kahn | Patrícia de Souza | Paula Su | Paula R. S. Oliveira | Paula Tirapelli | Paulo Vinícius Silva | Pietro Occiuzzi | Priscila Conte Vieira | Priscila Jolie | Priscila Lima de Charbonnières | Priscila Ramos de Sousa | Rebeca Starosta | Renata Affonso | Renata Chang Alcoba Marques | Renata Guimarães Rossetti | Renata Januncio de Almeida | Renata Nakazone | Renée Beralde | Roberta Cetra | Roberto Feres | Rodrigo Alves | Rodrigo Angelito | Ronald Kyrmse | Rosilene Laiola | Rudah Poran De Paula | Salles Machado | Sandra Silva | Sandra Edler | Saulo Yassuda Fujii | Sergio Romão | Shirlei Cardoso | Sil Berlinck | Silene Meneses de Souza | Silvia de Salles Oliveira Bertoncello | Silvia Zavalloni Proto | Silvio Aparecido Gonçalves | Simone Onaga | Solange Romão | Solange Viana | Stephanie Trupel | Sylvio Augusto Gonçalves Rodrigues | Talita Tiemi Umeno | Tatiana Freitas Valle | Tatiana Soter | Tatiane de Assis | Teresa B. Rodrigues | Thais Polimeni | Thais Rodrigues Rocha | Thalita Fleury | The School of Life Brasil | Thiago Romão | Valeria de Nadai | Vinícius Macedo Silva | Vinicius Tamamoto | Viviane Pereira | William Viana | Zenaide Carvalho

MAPA DE EPISÓDIOS POR CAPÍTULO

Observar a própria mente

A busca da harmonia no caos (03), com **Marcelle Martins**
Você não é ansioso (04), com **Gustavo Gitti**
Lavar louça como terapia (31), com **Alexandre Simone e Lucas Galdino**
Clareza no caos (44), com **Joana Mao**
Busca espiritual (60), com **Mayana Neiva**
Aprender a olhar para dentro (69), com **Angélica**
Viver num mundo de incertezas (71), com **Michel Alcoforado**
Podemos olhar para o nosso mundo interno (79), com **Daniel Cunha**
Na sala de espera do psicanalista (94), com **Christian Dunker**

Investigar como cientista

Como sair do medo (07), com **Murilo Gun**
Uma saída para a depressão (18), com **Mariana Ferrão**
Um calmante natural sem contraindicação (20) e O que fazer com o medo, a raiva e a tristeza (40), com **Daniel Martins de Barros**
Saúde Mental sem tabu (23), com **Amanda Ramalho**
Como mudar hábitos (32), com **Cinthia Alves**

Medicina para lembrar quem somos (37), com **Henrique Rego**
Tirar o passado a limpo (42), com **Diogo Lara**
Onde achar motivação – sem autoajuda barata (46), com **Luiz Gaziri**
Pequenos comportamentos para mudar hoje (51), com **Henrique Bueno**
Plenitude sem limite de idade (65), com **Geyze e Abilio Diniz**
Tomar uma decisão (75), com **Álvaro Machado Dias**
Política e espiritualidade (76), com **Petria Chaves**
Não se deixar arrastar pelos problemas (86), com **Elisa Kozasa**

Meditar em ação

Comer em paz (05), com **Marina Nogueira**
Trabalhar sem competir (06), com **João Paulo Pacifico**
Fazer silêncio e relaxar (12), com **Andréa Bomfim Perdigão**
A essência do autocuidado (15), com **Cris Dios**
Um mantra poderoso para a cura (21), com **Giu Bergamo**
Atividade física para ficar presente (22), com **Chel Anderaus**
A dor virou um chamado para a vida (25), com **Lívia Teixeira**
Uma escola para mudar a vida das pessoas (30), com **Diana Gabanyi**
Você precisa de um sabático? (38), com **Flora Victoria**
Onde está você na sua casa? (49), com **Lufe Gomes**
Emagrecer sem pirar (57), com **Gabriela Ghedini**
Como resolver problemas (59), com **Nathalia Arcuri**
Para dormir e acordar bem (66), com **Cauã Reymond**
A beleza do agora (98), com **Marco Antonio de Biaggi**

Sentir profundo

Escrever para perdoar (09), com **Maki de Mingo**
Mindfulness aqui e agora (11), com **Dani Wang**
Como lidar com as emoções (13) e 365 dias de gratidão (50), com **Flavia Melissa**
Educar para acolher (16), com **Vivian Mozas**
A gota d´água para mudar tudo (17), com **Dani Noce e Paulo Cuenca**
Diálogos corajosos com CNV (24), com **Carolina Cassiano**
SOS para situações extremas (41), com **Isabella Ianelli**
Vivendo na panela de pressão (43), com **Tais Masi**
Como transformar dor em amor (47), com **Fernanda Figueiredo**
Tesão de viver (67), com **Caroline Amanda**
Sobre resistir, insistir e deixar fluir (70), com **Tania Mujica**
Sair do 8 ou 80 emocional (90), com **Heloísa Capelas**
Não fazer nada (95), com **Mariana Nahas**

Fazer arte

A vontade de viver (19), com **Denise Fraga**
Estar preparado para o acaso (33), com **Thalma de Freitas**
Aprender a dizer sim (34), com **Marcio Ballas**
A cabala e a Alma Imoral (36), com **Clarice Niskier**
Sem medo do escuro (55), com **Gabriela Pistelli**
Como cuidar do nosso tempo (62), com **Camila Pedrassoli**
Uma carta para você (63), com **Alexandre Coimbra Amaral**
Rir de si mesmo (72), com **Nic e Chris**, do Insta do Shivão
Planos e correntezas (73), com **Allan Dias Castro e Tiago Corrêa**
Colo e cafuné (74), com **Fabricio Carpinejar**

Ouvir o coração

Colaborar com o todo

Você não é o seu crachá (91), com **Fernando Rocha**
Filosofia estóica na prática (93), com **Raphael Despirite**
Você se permite uma pausa? (99), com **Patrick Santos**

Iluminar o caminho

Dá para ser 2% mais monge (01) e A arte da meditação (14), com **Satyanatha**
Você é livre para não julgar (02), com **Kaw Yin e Yan Yin**
As lições do silêncio (28), com **Monja Coen**
A permissão de mudar de ideia (45), com **Marcela Ceribelli**
Amparo espiritual e contentamento (53), com **Lilly Hastings**
Onde encontrar forças (61), com **Mariana de Oliveira**
Como se encontrar (64), com **Rossandro Klinjey**
Viver intencionalmente (80), com **Samuel Pirondi**
Aprender a confiar (92), com **Chirles de Oliveira**
Tudo bem errar (96), com **Daiane dos Santos**
Conhecimento transformador (100), com **Leandro Karnal**

foto: Alexandre Battibugli

Helena Galante é jornalista e criadora do podcast Jornada da Calma. Depois de 14 anos na Veja São Paulo, assumiu a área de conteúdo de bem-estar da Editora Abril. É editora-chefe da Boa Forma e colunista da seção A Tal Felicidade, da Vejinha.

Este livro foi produzido pela mapa lab na primavera de 2021,
usando as fontes Bourton e Goudy Old Style.
Impresso na Grafitto em papel pólen bold 90g/m2.